アウトプットに必要な基本英語表現

ジェームス・バーダマン
James M. Vardaman

安藤文人
Fumihito Ando

研究社

Copyright © 2015 by James M. Vardaman and Fumihito Ando

アウトプットに必要な基本英語表現

Essential Expressions for Output

本書の例文の朗読音声は、研究社のホームページ（www.kenkyusha.co.jp）から無料でダウンロードできます。詳しくは x ページをご覧ください。

PRINTED IN JAPAN

はじめに

英語で満足なコミュニケーションを行なうには、最低どの程度の語学力が必要だろうか？　一般的には、およそ2000語以上の語彙を習得したうえで、それらを使って文を作る基本的能力が必要であるといわれている。

もちろん、これだけであらゆる場面や状況で英語によるコミュニケーションがうまくはかれるわけではない。日常生活もすべて計画どおりというわけにはいかず、あらゆる不測の事態が常時発生する。

しかし、今日、あるいはこの先にどんなことが起こるか、ある程度の予測は可能だ。そしてわれわれは実際にそれを予測したうえで生活している。ということは、自分が英語を用いる場面を予測し、それぞれの状況で何を話せばよいのか、あらかじめ準備しておけばいい。

したがって、ごく普通の生活を送っている者であれば、アメリカの大統領と英語で何を話せばよいかといった準備をしておく必要はまずないだろう。そんなことは普通であれば起こらないからだ。また、逮捕されて法廷に立たされた時に英語で何をどう陳述すべきか準備しておく必要もないだろう。そんなことも起こらないだろう…たぶん、願わくは。さらに言えば、誰かに結婚を申し込む時に英語でどう言えばよいかということも前もって考えておかなくても

いいだろう。それは普通は何度もないことだし、そういう場面では言葉よりももっと大切なものが必要な気がする。

　しかし、そうしたこと以外に、英語でどう言えばいいか、あらかじめ準備しておいたほうがよい場面、つまり出会う可能性の高い状況というのは確かにある…というか、たくさん考えられる。たとえば、自己紹介する、家族や仕事について話す、道を尋ねる、食事や買い物に出かけて店の人と話す、就職の面接を受けるなど、英語を話す必要に迫られる場面はいくつも思い浮かぶ。

　もちろん、そういった時に完璧な英語を流暢に話す必要はない。とにかくコミュニケーションがはかれれば十分だし、英語でアウトプットできたという充実感も得られるだろう。

　日本であれ、外国であれ、さまざまな場面や状況で、どのように英語をアウトプットすればよいだろうか？　そしてそのためにどんな言い方をインプットしておけばよいだろうか？　読者のみなさんには、そうしたことを考え、準備をするうえで、本書を有効に活用していただきたいと思う。

　各セクションでは、まず、それぞれの状況で用いられる英語表現を解説し、いくつか例文を挙げた。そのあとに場面に応じた実際の会話例を示した。これを丸暗記する必要はないが、使われている表現や語彙を参考にして、「自分にあてはめれば、こんなふうに言える」と、「自分バージョンの表現」を考える参考にしてほしい。そして最後に、ぜひ覚えてほしい役立つ表現を「アウトプットしてみよう！」にまとめた。

　本書がみなさんの「想像力」をかき立てることを強く願ってい

る。初対面の人には英語でどう話せばいいのか？　海外旅行に出かけて、地元の人とどんなおしゃべりをするだろうか？　外国でどんなふうに道を尋ねるのか？　また日本でどんなふうに道を教えるのか？　答えたくない質問にはどのように応じたらいいか？

　自分がそういった場面にいることを想像して読んでいただきたい。そうすれば、本書から数多くヒントが得られるだろうし、さらには、こんな場面でこんなふうに話してみたい、という気持ちも湧いてくるだろう。

　本書はいわば短い台本を集めたようなものだが、読者のみなさんには、それらの台本を参考にして、ぜひ自分なりのアドリブを生み出し、楽しんでいただけることを願っている。さらに言えば、みなさんの英語が上達し、その英語を使って活躍した結果、著者の失礼な予想を裏切って、アメリカ大統領と話す準備が必要となるまでになっていただくことを願っている。

2015年6月　東京　銀座にて

ジェームス・バーダマン（James M. Vardaman）

目 次
contents

はじめに		iii
本書の使い方		viii
朗読音声のダウンロード方法		x

1	自分について話す（自己紹介）	2
2	あいさつする／あいさつに答える	5
3	一緒にいる人を紹介する	10
4	家族や親せきについて話す	13
5	在学中の［卒業した］学校について話す	16
6	出身地や故郷について話す①	19
7	出身地や故郷について話す②	22
8	職業／仕事の内容／職場について話す	27
9	天気について話す	32
10	外国人に日本の天候について話す	34
11	ホテルのフロントや会社の受付などで名乗る	37
12	人に意見を求める／人の意見に賛成する［反対する］	40
13	人を誘う／人の誘いに答える	45
14	趣味／好み／余暇の過ごし方について尋ねる［答える］	51
15	バスや電車の中でたまたま出会った人と話す	55
16	旅先で会話を楽しむ	58

17	外国人に日本を訪問したことがあるか、日本で何をしたか[したいか]尋ねる	61
18	レストランで食事をする	66
19	ファストフード店で注文する	73
20	お祝いを言う／お祝いの言葉に答える	76
21	けがの症状を伝える	79
22	内科的な症状を伝える	82
23	お悔みやお見舞を述べる	85
24	謝罪する	88
25	丁重に謝罪する	91
26	ちょっと面倒な頼みごとをする[される]	97
27	デリケートな問題を尋ねる[尋ねられる]	102
28	立食パーティなどで会話を切り上げる	106
29	道を尋ねる[教える]	110
30	店で服を買う	116
31	美容室や理髪店で話す	121
32	就職の面接で質問に答える	128

英語で会話をつづけるために①	私は岐阜で生まれ育ちました	25
英語で会話をつづけるために②	漱石没後100年と英語	95

おわりに 138

本書の使い方

1
日本人の英語学習者が英語でアウトプットする(話す)可能性が高いと思われる状況を 32 厳選しました。

2
それぞれの状況において英語でアウトプットする際の注意点を解説しました。ぜひご参考ください。

3
音声は、研究社のホームページ (www.kenkyusha.co.jp) から、以下の手順でダウンロードできます (MP3 データ)。ダウンロード方法は x ページをご覧ください。
音声ファイルは 3 つのフォルダーに分けて収録しました。詳しくは次ページ下をご覧ください。

1

自分について話す（自己紹介）

おそらくどの言語においても、誰もが行なういちばん大切な「プレゼン」は、「自己紹介」(self-introduction) だ。

自己紹介は、Please let me introduce myself. （では自己紹介をさせてください）のようなていねいな「前置き」を最初にして、それから自分の名前を告げる。名前ははっきりとわかりやすく発音しよう。日本人の名前は英語のネイティブスピーカーには聞き取りにくいこともあるからだ。

また、名前だけを言って、それで終わりにならないように。少なくとも何かもうひと言言い添えて、自分は相手と会話をしたいと願っていることを伝えよう。もっとも一般的なのは、「どこから来たのか？」「どこの出身か？」を言うことだろう。ただ「日本から来ました」と言えばいい。

DOWNLOAD ▶ 01 02

I'm very happy to meet you all. My name is Nagamasa Kuroda. I work for Hashiba Industries as an engineer. Originally I am from Osaka, but now I live in western Japan in Fukuoka.
（みなさんにお会いできてうれしく思います。黒田長政と申します。羽柴産業で技術者として働いています。大阪出身ですが、今は日本の西部にある福岡に住んでいます）

ほかの出席者にもう少し自分を印象づけたいと思ったら、何か興味を引くようなことを付け加えるとよい。

DOWNLOAD ▶ 01 03

I'm Nagamasa Kuroda, from Fukuoka in Japan. My name is the same as a famous feudal lord, so if you

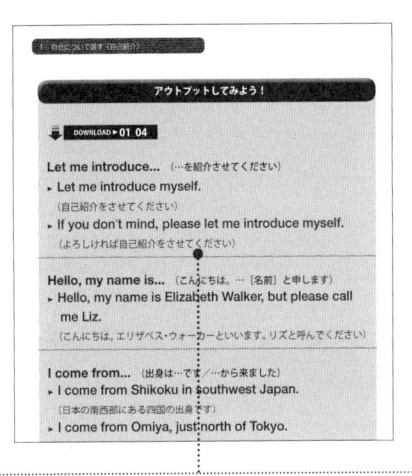

> **1. 自分について話す（自己紹介）**
>
> ## アウトプットしてみよう！
>
> **DOWNLOAD ▶ 01 04**
>
> **Let me introduce...** (…を紹介させてください)
> ▸ Let me introduce myself.
> (自己紹介をさせてください)
> ▸ If you don't mind, please let me introduce myself.
> (よろしければ自己紹介をさせてください)
>
> **Hello, my name is...** (こんにちは。…[名前]と申します)
> ▸ Hello, my name is Elizabeth Walker, but please call me Liz.
> (こんにちは、エリザベス・ウォーカーといいます。リズと呼んでください)
>
> **I come from...** (出身は…です／…から来ました)
> ▸ I come from Shikoku in southwest Japan.
> (日本の南西部にある四国の出身です)
> ▸ I come from Omiya, just north of Tokyo.

4

例文は、それぞれの状況で用いると効果的な英語表現を、スペースが許す限り収録しました。各セクションの最後の「アウトプットしてみよう！」には、その中でも特に覚えていただきたい表現をまとめました。しっかり読んで、サンプル音声を何度も確認しましょう（イントネーションや発音にもご注意ください）。

そのあとはサンプル音声につづけて、自分で読み上げてみましょう。ここにある例文が自動的に口から出てくるようになるまで、何度も何度も繰り返しましょう。

英語が読めても、声に出してトレーニングしなければ、その表現を使えるようにはなりません。自動的にアウトプットできるようになるまで、ひたすらトレーニングを繰り返しましょう！

フォルダー1　1〜10 ⇨ **DOWNLOAD ▶ 01 01** 〜 **DOWNLOAD ▶ 01 43**

フォルダー2　11〜20 ⇨ **DOWNLOAD ▶ 02 01** 〜 **DOWNLOAD ▶ 02 69**

フォルダー3　21〜32 ⇨ **DOWNLOAD ▶ 03 01** 〜 **DOWNLOAD ▶ 03 79**

フォルダー4　タイトル、ナレーター情報
　　　　　　⇨（**DOWNLOAD ▶ 04 01**　**DOWNLOAD ▶ 04 02**）

【朗読音声のダウンロード方法】

　本書の朗読音声は、研究社のホームページ（www.kenkyusha.co.jp）から、以下の手順でダウンロードできます（MP3 データ）。

（1）　研究社ホームページのトップページで「音声ダウンロード」をクリックして「音声データダウンロード書籍一覧」のページに移動してください。
（2）　移動したページの「アウトプットに必要な基本英語表現」の紹介欄に「ダウンロード」ボタンがありますので、それをクリックしてください。
（3）　クリック後、ユーザー名とパスワードの入力が求められますので、以下のユーザー名とパスワードを入力してください。
　　　ユーザー名：guest
　　　パスワード：OutputHyogenOnsei
（4）　ユーザー名とパスワードが正しく入力されると、ファイルのダウンロードが始まります。ダウンロード完了後、解凍してご利用ください。

アウトプットに必要な基本英語表現

自分について話す（自己紹介）

　おそらくどの言語においても、誰もが行なういちばん大切な「プレゼン」は、「自己紹介」(self-introduction) だ。

　自己紹介は、Please let me introduce myself.（では自己紹介をさせてください）のようなていねいな「前置き」を最初にして、それから自分の名前を告げる。**名前ははっきりとわかりやすく発音しよう。**日本人の名前は英語のネイティブスピーカーには聞き取りにくいこともあるからだ。

　また、名前だけを言って、それで終わりにならないように。少なくとも何かもうひと言い添えて、**自分は相手と会話をしたいと願っていることを**伝えよう。もっとも一般的なのは、「どこから来たのか？」「どこの出身か？」を言うことだろう。ただ「日本から来ました」と言うだけでなく、「日本のどこか」という具体的な地名も加えるとよい。東京や京都は世界中に知られているが、それほど知られていない地名であれば、日本のどのあたりか言い添えるとよい。

DOWNLOAD ▶ 01 01

Please let me introduce myself. I'm Nagamasa Kuroda, and I'm from the city of Fukuoka, in western Japan.
（自己紹介をさせてください。黒田長政と申します。福岡という日本の西部にある都市から来ました）

　顔合わせの会議や会合のように全員が自己紹介をする場合には、Please let me introduce myself. で始める必要はない。次のように

言えばいい。

> **DOWNLOAD ▶ 01 02**
>
> I'm very happy to meet you all. My name is Nagamasa Kuroda. I work for Hashiba Industries as an engineer. Originally I am from Osaka, but now I live in western Japan in Fukuoka.
> (みなさんにお会いできてうれしく思います。黒田長政と申します。羽柴産業で技術者として働いています。大阪出身ですが、今は日本の西部にある福岡に住んでいます)

　ほかの出席者にもう少し自分を印象づけたいと思ったら、何か興味を引くようなことを付け加えるとよい。

> **DOWNLOAD ▶ 01 03**
>
> I'm Nagamasa Kuroda, from Fukuoka in Japan. My name is the same as a famous feudal lord, so if you can't remember my name, just call me 'Samurai'.
> (日本の福岡から来ました、黒田長政と申します。私の名前は有名な武将と同じですので、名前を忘れても、「サムライ」と呼んでくだされば結構です)

　ところで、本書の著者の1人は、日本語で自己紹介する場合、「『バッドマン』でも『バードマン』でもありません。『バーダマン』です」(I am not "Bad Man" or "Bird Man" but "Vardaman".) と言っている。これはウケる。もう1人の著者は「And O です。And P でも And Q でもありません」と言ったりするが、これはたいていウケない…
　では、自己紹介の表現をまとめる。自分にあてはめてアウトプットしてみよう。

アウトプットしてみよう！

DOWNLOAD ▶ 01 04

Let me introduce... （…を紹介させてください）
- Let me introduce myself.

（自己紹介をさせてください）
- If you don't mind, please let me introduce myself.

（よろしければ自己紹介をさせてください）

Hello, my name is... （こんにちは。…［名前］と申します）
- Hello, my name is Elizabeth Walker, but please call me Liz.

（こんにちは。エリザベス・ウォーカーといいます。リズと呼んでください）

I come from... （出身は…です／…から来ました）
- I come from Shikoku in southwest Japan.

（日本の南西部にある四国の出身です）
- I come from Omiya, just north of Tokyo.

（東京のすぐ北にある大宮から来ました）

I work for... （…［会社名など］で働いています）
- I work for Akron Engineering. We make lights for stadiums and airports.

（アクロン工業に勤めています。スタジアムや空港の照明を作っている会社です）

I am in... （部署は…です）
- I am in sales.

（営業を担当しています）
- I'm in the technology division.

（技術部に所属しています）

2

あいさつする／あいさつに答える

英語では「相手の言った言葉をそのままおうむ返しに繰り返さない」ことが重要である（たとえば How do you do? と言われて、How do you do? と返さない）。日本語では同じ言葉でやり取りしてもそんなに問題ないが、英語ではなんだかぞんざいな印象を与えてしまうので避けたほうがいい。

まず相手が言ったことをしっかり聞いて、それとは異なる言い方をするように心がけよう。

> **DOWNLOAD ▶ 01 05**
>
> A: How are you?
> B: I'm fine and you?
> A: Doing all right.
>
> A: 元気？
> B: ええ。そちらは？
> A: 大丈夫です。

日本人の多くは、How are you? と聞かれると、反射的に Fine, thank you, and you? と、中学生の時に習った言い方で答えてしまうようだ。

これはある人に聞いた話だ。海外旅行をしていた日本人がけがをしてしまい、救急車で運ばれることになった。病院へ搬送中、その人は救急隊員に How are you? と尋ねられ、Fine, thank you, and you? と答えたという。

また、How are you? と聞かれて、つねに I'm fine. と答える必要はない。体調がすぐれなければ、I'm not too well.（あんまり調子がよくない）とか、あるいは次のように答えてもまったく問題はない。

DOWNLOAD ▶ 01 06

A: How are you doing?
B: Not good. I'm suffering from hay fever. My nose is running all day long and my eyes are teary from morning to night.

A: お元気ですか？
B: いやあ、あまり元気でもないんですよ。ひどい花粉症になっちゃって。一日中鼻水はでるし、朝から晩まで涙は止まらないし。

また、How are you? や How have things been?（お変わりありませんか？）を言葉どおりに受け取って、最近自分が直面した問題の数々をすべて語る必要もない。これは日本語でも同じだろう。2つ会話例を挙げる。

DOWNLOAD ▶ 01 07

A: Hey, Pete! How's it going?
B: Great, Fumi. How about you?
A: So so.

A: やあ、ピート！ 調子はどう？
B: 調子はいいよ、フミ。そっちはどう？
A: まあまあだね。

> **DOWNLOAD ▶ 01 08**

A: Mr. Anderson, it's good to see you again. How have things been?
B: I can't complain. I've been a little busier than usual, but nothing too bad.
A: That's good.

A: アンダーソンさん、またお会いできてうれしいです。お変わりありませんか?
B: まあまあですよ。ちょっとここのところ忙しいけれど、大したことはありません。
A: それはよかった。

さらに、会話例をもう2つ紹介する。

> **DOWNLOAD ▶ 01 09**

A: What's up, Robert?
B: Not much. My schedule is overloaded, but that's nothing new.
A: Mine is too. I'm looking forward to the end of this week.
B: You can say that again.

A: あら、ロバート、お元気?
B: でもないんだよ、これが。忙しいばっかりで目新しいこともないし。
A: それはこちらも同じよ。週末が待ち遠しいわ。
B: まったくだ。

> **DOWNLOAD ▶ 01 10**

A: Hey, Tracy! How have you been?
B: Great, thanks. My new job is a lot better than the

one I used to have.
A: Good for you!
B: Any news on your side?
A: Not much, except that I'm moving to a new apartment.

A: やあ、トレーシーじゃないか！ 元気にしてた？
B: おかげさまで元気にしてるわ。今度の仕事、前のよりずっといいのよ。
A: よかったねぇ。
B: そっちはどうなの？
A: 代わり映えしないね。新しいマンションに引っ越ししたくらいかな。

　以下、あいさつする際に効果的なアウトプット表現をまとめた。一部会話形式で示す。

アウトプットしてみよう！

■ あいさつに答えて、相手のことも尋ねる

DOWNLOAD ▶ 01 11

A: How have things been?
B: All right, I guess. How about you?

A: 最近はどう？
B: まあ、こんなものかな。君は？

A: How's it going?
B: Busy as always, and you?

A: 調子はどう？
B: 相変わらず忙しくしているよ。君は？

A: What's up?
B: Not much. How about you?

A: お元気？

B: そうでもないんだ。君は？

■ 自分の状況に加えて、もう一言伝える［何か尋ねる］

DOWNLOAD ▶ 01_12

It's good to see you. Anything happening at work?
（会えてうれしいよ。仕事はどう？）

Not good. I'm working a lot of overtime these days.
（よくない。最近はいっぱい残業している）

Great. My new job is working out and I've got a new apartment.
（［調子は］いいよ。新しい仕事が順調で、新しいマンションも買ったよ）

So so. Nothing to complain about, but no real improvement.
（まあまあだね。そんなに悪くないけど、よくなっているというわけではない）

I can't complain. It's just one of those busy times at work.
（まあまあです。この時期は毎年忙しいです）

Not much. Pretty much the same old routine.
（どうってことないよ。まったく変わりばえのしない生活だよ）

3

一緒にいる人を紹介する

　自分（A）がBさんと一緒にいるところに知り合いのCさんが来た場合、BさんとCさんのどちらがより「目上」の人かを年齢とか地位などによって判断して、**まず目下の人を目上の人に、つづいて目上の人を目下の人に紹介する。**

　Bさんが目上の人である場合は、以下のようになる。

DOWNLOAD ▶ 01 13

A: Let me introduce my friend Nobuyuki Tanaka. He and I work at the same company. Nobuyuki, this is Professor Brian Harris, who was my professor in university.
B: Nobuyuki, it's a pleasure to meet you.
C: I'm very happy to meet you, Professor Harris.

A: 私の友人の田中信行さんを紹介いたします。同じ会社で働いています。信行さん、こちらがブライアン・ハリス教授です。僕の大学時代の恩師です。
B: 信行さん、はじめまして。
C: はじめまして、ハリス教授。

　このように面識のない人同士を「引き合わせる」場合、**どちらを先に紹介するか注意しなければならない。**そして、2人が会話を始める糸口となるようなこと（たとえば、「出身地が同じである」「同じ趣味がある」「共通の知り合いがいる」）を言い添えるとよい。

　上の例で言えば、AはCさんが自分の友人で、Bさんは大学時代

の恩師(教授)だとすでに自分との関係を知らせているので、特に話のきっかけを与えなくとも、2人はおたがいに話しかけることができるだろう。たとえばBさんはCさんにWhat kind of work do you do?(どんな仕事をされているのですか?)と、またCさんはBさんにWhat subject do you teach?(何を教えていらっしゃるんですか?)とか、Was A a good student in university?(Aはよい学生でしたか?)などと聞くこともできる。その場にいる全員が会話に参加できて、話がうまく進むように心掛けよう。

もう少しくだけた場面では、より簡単な紹介のしかたになるが、それでも目上の人を優先したほうがいいだろう。2人の年齢やキャリアなどにあまり差がなければ、どちらを先に紹介してもかまわない。

DOWNLOAD ▶ 01_14

A: Mari, this is my university classmate Kazuo. Kazuo, this is my childhood friend Mari.
B: Hi, Kazuo. Nice to meet you.
C: Same here, Mari.

A: マリ、僕の大学のクラスメイトの和夫。和夫、僕の幼なじみのマリ。
B: こんにちは、和夫。はじめまして。
C: こちらこそ、マリ。

では、一緒にいる人を紹介する[紹介される]際に使える表現をまとめる。

アウトプットしてみよう!

DOWNLOAD ▶ 01_15

Let me introduce my... (こちらが私の…です)

3　一緒にいる人を紹介する

▶ Let me introduce my coworker Noriko. We joined the firm in the same year.

（こちらが私の同僚の紀子です。同期に入社したんですよ）

I'd like for you to meet...　（…をご紹介いたします）

▶ I'd like for you to meet my supervisor, Mr. Baker.

（私の上司のベイカーさんを紹介します）

This is...　（こちらが…です）

▶ Noriko, this is Paul Winwood, who I've known since we were in elementary school.

（紀子、こちらがポール・ウィンウッド。ぼくらは小学校以来の友だちなんだ）

It's a pleasure to meet... / I'm [very] happy to meet... / Nice to meet...　（…にお会いできて、うれしいです）

▶ It's a pleasure to meet you.

（お会いできてうれしいです）

▶ I'm very happy to meet you, too.

（こちらこそ）

▶ Nice to meet you.

（はじめまして）

4

家族や親せきについて話す

　最近は、家族のことを含め、プライベートなことを尋ねるのは避ける傾向にある。もちろん自分の家族について相手に話したいのであれば問題はないが、**他人の家族についてこちらから尋ねるのは避けた**ほうがいいだろう。

　以下は、自分の家族について話したい場合の例だ。

DOWNLOAD ▶ 01_16

I'm single.
（独り身なんです）

I'm married and my wife and I have two children, two girls, 5 and 7 years old.
（結婚して2人の子供がいます。両方とも娘で、5歳と7歳です）

My parents live in the countryside in Nagano Prefecture. My father is a municipal government employee and my mother teaches elementary school children.
（両親は長野県の田舎のほうにいます。父は地方公務員で、母は小学校の先生をしています）

I have a brother and sister. My brother is a high school junior. My sister graduated from university and is now working at an accounting firm.

> (弟と姉がいます。弟は高校の2年生で、姉は大学を卒業して今は会計事務所で働いています)

　最後の例文では、「弟」「姉」という日本語にしたが、英語で家族を紹介する時は、brother が兄か弟か、また sister が姉か妹かを言わないのが普通だ。次の例のように「伯父(伯母)」「叔父(叔母)」の場合も同様だ。自分の親より歳が上か下かは、重要な情報ではない。

DOWNLOAD ▶ 01_17

One of my uncles lives in New York City, where he runs a restaurant. My other uncle is an engineer at Boeing in Seattle.
(叔父のうち1人はニューヨークに住んでいて、レストランを経営しています。もう1人の伯父はシアトルでボーイング社の技術者として働いています)

　では、家族や親せきについて話す際に使える表現をまとめる。

アウトプットしてみよう！

DOWNLOAD ▶ 01_18

I'm... (私は…です)
- I'm the proud father of two children.
  (自慢の子供が2人おります)
- I'm newly married.
  (結婚したばかりです)

My parents [father, husband, etc.]... (私の両親[父/夫など]は…)
- My parents are both retired.
  (両親はともに引退しています)

[※この場合、unemployed（無職）とは言わないことに注意］
- My father was the principal of the local elementary school and my mother was a nurse.

（父は地元の小学校の校長を、母は看護師をしていました）
- My husband works for an accounting firm.

（夫は会計事務所で働いています）
- My older sister is married. My younger sister works for a law firm.

（姉は結婚しています。妹は法律事務所に勤めています）

I have... （私には…がおります）
- I have two brothers. One is a computer programmer and the other is in university.

（兄弟が2人います。1人はコンピュータのプログラマーで、もう1人は大学生です）

在学中の［卒業した］学校について話す

　「アウトプットの達人」をめざすには、まず自分のことをしっかり話せるようになりたい。話す材料はすべて自分の頭の中に入っているのだから。

　学校については、もし留学中であれば、日本で在学中の、あるいは卒業した学校について触れる。ただ校名だけではつまらないから、なにか相手の興味を引くような事柄を1つ加えるとよいだろう。

DOWNLOAD ▶ 01 19

I was born and raised in Gifu Prefecture, in central Japan. Now I go to Sontoku High School in Odawara and I'm a sophomore. I belong to the kendo club. It's a small club, but we are one of the better clubs in our prefecture.
（私は日本の中部にある岐阜県で生まれ育ちました。今は小田原にある尊徳高校に通っています。2年生で、剣道部に入っています。部員は少ないのですが、県内では強いほうなんですよ）

　大学生ならば、次のように、何を専攻しているか、アルバイトは何かしているか、といったことを話せばよい。

DOWNLOAD ▶ 01 20

After I graduated from high school, I became a student at Waseda University. Now I'm a junior in the School

> of Humanities and Social Sciences. My special area is psychology. I'm going to write my graduation thesis on consumer behavior. I work part-time at a tavern in Otemachi, in the center of Tokyo. I live by myself in an apartment in Ningyo-cho.
>
> (高校を卒業してから早稲田大学に進みました。今は文学部の3年生で、心理学を専攻しています。卒業論文は消費行動について書く予定です。東京の真ん中にある大手町の居酒屋でバイトしています。人形町のアパートでひとり暮らしをしています)

卒業後の進路希望などについて述べると、相手もさらに関心を持ってくれるだろう。

DOWNLOAD ▶ 01_21

> After I graduate, I'd like to work for a trading company. I'm especially interested in getting a job where I have contact with people from overseas. Someday I hope to be posted abroad for several years.
>
> (卒業したら、商社で働きたいと考えています。特に外国の人と関わるような仕事に興味を持っています。将来は何年か海外赴任もしたいなあ、と願っています)

では、在学中の[卒業した]学校について話す際に使える表現をまとめる。

アウトプットしてみよう！

DOWNLOAD ▶ 01 22

I go to... （[学校について] …に行っています／…の学生［生徒］です）
▶ I go to Waseda University.
（早稲田大学で学んでいます）
▶ After university, I decided to go to law school.
（大学を出てからロー・スクールに進むことにしました）
▶ I went to art school and now work for a museum.
（私は芸術学校に行って、今は美術館で働いています）

I belong to... （…に入っています）
▶ I'm a sophomore at Meiji University now and I belong to the English Speaking Society.
（明治大学の2年生で、ESS［英会話クラブ］に入っています）

After I graduate(d)... （卒業後は…）
▶ After I graduate from university, I'm going to work for a publishing company.
（大学を出たら出版社に勤めます）
▶ After I graduated, I started working for an advertising company.
（卒業後、広告会社に就職しました）

6

出身地や故郷について話す①

　出身地は、スモールトーク（雑談）の話題になりやすい。相手がどこで生まれて、どんな子供時代を過ごしたか、興味を持つ人は多い。
　次の2つの質問は定番だ。

DOWNLOAD ▶ 01_23

Where are you from? What's it like?
（どちらのご出身ですか？　それはどんなところですか？）

これに対して、ある程度詳しく説明できるように準備しておこう。

DOWNLOAD ▶ 01_24

I grew up in a small town in Yamagata Prefecture, on the coast of the Sea of Japan. Sakata isn't a big town, so not many people know much about it.
（私は山形県の日本海に面した小さな町で育ちました。酒田は大きな町でもなく、よく知っている、という人は多くないでしょう）

It's famous as a fishing port and it was once part of the Kitamawari-sen route.
（漁港として有名で、かつては北廻船［北前船］の航路にあたっていました）

It's famous for iwa-nori, which is nori that people collect on the rocks along the coast. That's really

dangerous work.
(岩海苔で知られていて、これは海岸の岩場で集められるのですが、とても危険な作業になります)

相手が興味を持ったら、町の別の特色を紹介すると話がはずむだろう。

DOWNLOAD ▶ 01 25

It's famous for photographer Domon Ken's museum. It was also where part of the movie "Okuribito" was filmed.
(また酒田は写真家の土門拳美術館でも知られています。映画の『おくりびと』が撮影された場所でもあります)

Nearby in Tsuruoka is the Eiga-mura, where Edo period films are sometimes made.
(近くの鶴岡には映画村があり、そこでは江戸時代を舞台にした映画の撮影が行なわれることもあります)

自分と故郷の関係を述べてもいいだろう。

DOWNLOAD ▶ 01 26

When I was in high school, I couldn't wait to attend college in a big city. So rather than applying to Yamagata University, I applied to schools in Tokyo.
(高校生の頃は、早く大都市の大学で勉強したくてしかたありませんでした。それで山形大学ではなく、東京の大学を受験したのです)

では、出身地や故郷について話す時に使える表現をまとめる。

6 出身地や故郷について話す①

アウトプットしてみよう！

DOWNLOAD ▶ 01 27

I grew up in... (…で育ちました)
- I grew up in Niigata, on the Sea of Japan coast.
（日本海に面した新潟で育ちました）
- I grew up in the countryside, so I don't like big cities.
（田舎で育ったものですから、大きな都市は苦手です）

~ is famous for [as] ... (〜は…で［として］有名です)
- Osaka is famous for okonomiyaki.
（大阪はお好み焼きで有名です）
- Cape Tappi is known for its strong winds.
（竜飛岬は強風で知られています）
- My hometown is famous for its beautiful sand beaches.
（私の故郷の町は美しい砂浜で知られています）
- Mt. Zao is famous as a ski resort.
（蔵王山はスキーリゾートとして有名です）
- Nara is famous as a sightseeing destination.
（奈良は観光地としてよく知られています）

出身地や故郷について話す②

　日本を訪れるネイティブスピーカーには、この国の地方都市に興味を持っている人たちも多い。もしあなたが地方出身者であれば、故郷の話は格好のトピックとなるだろう。なにより、あなたのほうも話すことは尽きないはずだ。

　本セクションでは、ひきつづき自分の生まれ育った場所についてどんなことをどんな表現を使って話したらいいか、考えてみよう。

　以下、いくつか例を挙げる。

DOWNLOAD ▶ 01 28

I was born in Tokyo, but raised in Nagano Prefecture. My father was transferred there just after I was born, so Nagano is my home.
（私は東京で生まれましたが、長野県で育ちました。私が生まれてすぐ父が転勤になったからです。だから故郷は長野だと言ってよいでしょう）

We lived close to the mountains, so I grew up skiing and skating in the winter. In the summer, we did lots of hiking.
（私たち家族が住んだのは山の近くで、冬になるとスキーやスケートをして育ちました。夏になるとハイキングによく出かけました）

I love the outdoors, so I go back to Nagano several times a year.
（私はアウトドアの活動が特別好きなので、今でも年に何度かは長野に帰ります）

アメリカ育ちの人ならば、次のように自分の生まれ故郷について話すかもしれない。

> **DOWNLOAD ▶ 01_29**
>
> I'm from Laurel, Mississippi. That's in the southern part of the United States, near New Orleans. Laurel is known for pulp and lumber industries.
> (私はミシシッピー州ローレルの出身です。ローレルはアメリカ南部、ニューオーリンズに近いところにありますが、パルプ生産と製材業で知られている町です)
>
> It's really hot and humid there in the summer—just like Tokyo. The only recreation there is fishing in a lake nearby, gardening and going to New Orleans to party on weekends.
> (夏はとても暑くて湿度が高く——そう、ちょうど東京みたいです。町の人の楽しみと言えば、近くの湖で釣りをしたり、ガーデニングをしたり、週末にニューオーリンズに遊びに行ったりするくらいですかね)
>
> When there's a football game at Ole Miss—the University of Mississippi—in Oxford, a lot of graduates go up to spend the weekend. Other than that, there isn't much excitement in Laurel.
> (オックスフォードにあるオル・ミスで——ミシシッピー大学のことをそう呼ぶのですが——フットボールの試合がある時は、卒業生がたくさんやって来て、週末を過ごします。そのほかはローレルにはあまり楽しみはないですね)

以下、出身地や故郷についてさらに話したい時に使える表現をまとめた。

7 出身地や故郷について話す(2)

アウトプットしてみよう！

DOWNLOAD ▶ 01 30

I was raised in... （…で育ちました）

▶ **I was raised in San Francisco.**

（サンフランシスコで生まれ育ちました）

▶ **I was born in Boston but was raised in New York.**

（私はボストン生まれですが、ニューヨークで育ちました）

[※ raise（子供を育てる）は常に受身形で使われるので注意]

I was raised in San Francisco.

I was born in Boston but was raised in New York.

英語で会話をつづけるために ①

私は岐阜で生まれ育ちました

安藤文人

著者の1人である私も英語で自分が生まれ育った町を紹介してみたいと思う。

岐阜といえば、一時織田信長の居城でもあった岐阜城と、長良川で行なわれる鵜飼が有名だが、一度イギリスでこの「鵜飼」について英語で詳しく説明しようとして失敗したことがある。

この「鵜飼」というのは、鵜の長い首の根元をある絶妙の固さ（あるいは緩さ）でしばり、鮎のような大きな魚がそこに止まって胃のほうに落ちていかないようにし、それから首をぎゅっと絞るようにしてひっかかった魚を吐き出させる、というものである。

これを英語でどう言うか？ 私は準備したとおり、"First, they tie a string around the bottom of the bird's long neck to prevent the bird from swallowing the fish it caught to a stomach..." などと話し出したのだが、最初は興味深そうに聞いていた相手（数人のイギリス人男女）の顔が次第に曇り始め、"...then the fisherman squeezes the neck to make the bird spit up the fish..." というあたりでその表情は困惑から非難を含むものに変わり、一応説明を終えた時には、その場の雰囲気はすっかりぎこちないものに変わってしまったのである。1人が口を開き、"Um... You mean you are still doing that?" と尋ね、"Yes, we still do it every summer mainly as a tourist attraction." と答えると、彼らが大きく息を呑むのが私にもわかった。

以下の「わが町紹介」は、そのような苦い体験を踏まえたものである。

DOWNLOAD ▶ 01 31

I was born and brought up in Gifu, a city in the central part of Japan. Gifu is well known for the Gifu Castle where Oda Nobunaga lived. He is the warlord who later put an end to the Warring States Period in the 16th century. The castle was built on the top of the hill in the center of the city and we can still see the rebuilt one in almost the same place, illuminated at night. When it is hazy, it looks as if it is floating in the darkness and it surprises some visitors. At the foot of the hill flows the Nagara River, where cormorant fishing is carried out. This is a traditional type of fishing using a tamed bird which is shown as a tourist attraction during summer. I'm sorry we now don't have enough time to explain about how they catch the fish using birds, but you will know just by seeing it if you come to Gifu!

（私は日本の中部地方にある岐阜という町で生まれました。岐阜は、16世紀に戦国時代を終わらせた武将、織田信長が住んでいた岐阜城で知られています。岐阜城は町の中心にある山の頂上に建てられ、今でもほぼ同じ場所に再建された城が、夜間にはライトアップされて見ることができます。もやのかかった時などは暗闇の中に浮かんでいるように見えて、他所から来た人がそれに驚いたりします。その山の麓には長良川が流れていて、飼いならした鵜を使って魚を捕る伝統的な鵜飼漁が夏のあいだ観光客相手に行なわれています。鳥を使ってどうやって魚を捕るかを説明する時間はちょっとありませんが、岐阜に来て見ていただければすぐにわかりますよ！）

　鵜が「仕事」を終えるとどれほどふんだんに「報酬」を与えられているのか、などということは、やはり実際に見てもらったほうがよいだろう。

職業／仕事の内容／職場について話す

　ネイティブスピーカーも、初対面の人に職業や職場のことを尋ねることはよくある。その場合、必ずしも具体的で詳細な回答を求めているわけではないので、おおよそのところを伝えれば十分だ。

　つまり、尋ねられなければ、勤務先の名称や、配属部署や自分の肩書を言う必要はない。相手は身元調査をしているわけではないから、**無理に個人情報を教えなくてよい**。相手がぶしつけに、「どこの会社で働いていらっしゃるのですか？」と尋ねたとしても、「建設関係です」などと答えて、それ以上詳しく説明しなくてももちろんかまわない。ただ、日本語であれば、こういう時に「会社員です」などと言ってすませることができるが、英語では I'm a salaryman [an office worker]. とだけ答えることはまずない。

　英語の場合、会話の上手な人は、簡単に職業を述べて、もう少し詳しい情報を付け足す。たとえば I'm a teacher. だけでなく、I teach math in high school. などとつづけて、会話をつなごうとするのだ。

DOWNLOAD ▶ 01 32

What do you do (for a living)?
(お仕事は何をされているのですか？)

What kind of work do you do?
(どんなお仕事をされているのですか？)

こう聞かれたら、次のような答え方をする。

DOWNLOAD ▶ 01 33

I'm a chemical engineer. I specialize in paint for automobiles.
(化学関係の技術者です。特に自動車の塗装が専門です)
[※ごく一般的な職種を答えている。]

I work for IBM. I'm in the mainframe computer division.
(IBMに勤めています。今は大型コンピュータの部門にいます)
[※社名に言及しているが、肩書は明かさない。]

I handle data processing at a company that sells office supplies.
(事務用品の会社でデータ処理をしています)
[※社名も職種も言わず、どんな業種の会社で、どんな仕事をしているか、答えている。]

Right now, I'm working for a medical supply company, but I used to work for a pharmaceutical company.
(今は医療用品の会社にいますが、前は製薬会社に勤めていました)

I'm a freelance documentary film producer.
(フリーのドキュメンタリー映画プロデューサーです)

では、もう少し詳しく自分のキャリアについて説明する例を取り上げよう。仕事で出会った人に、自分の仕事の内容やこれまでの経験をわかりやすく使えることは、相手の信用を得て、よい関係を結ぶ第一歩となる。2つ例を挙げる。

DOWNLOAD ▶ 01_34

I've been working as a sports trainer for three years. I started out working for a large fitness club. Then a few months ago two friends and I started our own small business. We go to companies and teach their employees exercises that they can do during lunch breaks and coffee breaks.

(スポーツトレーナーとして働いて3年になります。最初は大手のフィットネスクラブに勤めましたが、数か月前に友だち2人と小規模な事業を始めました。いろいろな会社に出かけては、従業員のみなさんに、昼休みや休憩時間にできるエクササイズを教えています)

DOWNLOAD ▶ 01_35

After I graduated from university, I took a job at a medium-size book publisher in Tokyo. My job was to edit articles for a monthly journal for the government. Different types of work were involved. I asked writers to produce stories on certain topics. I also negotiated payments and edited the stories when they came in. It was tough going, but now I'm used to it.

(大学を出てから東京にある中堅の出版社に勤めました。政府が発行する月刊誌の編集の仕事です。いろいろなことをやらされましたね。テーマに応じてライターの人に記事をお願いするだけではなくて、原稿料の交渉もやりましたし、記事が上がってくるとその編集もしました。当時はずいぶんきつかったけれど、今ではもう慣れました)

では、職業、仕事の内容、職場について話す時に使える表現をまとめる。自分にあてはめてアウトプットを試みてほしい。

アウトプットしてみよう！

DOWNLOAD ▶ 01_36

I'm a... （私は…です）
- I'm a university lecturer. I'm teaching English.
  （私は大学講師です。英語を教えています）
- I'm a municipal employee at city hall. I deal with health insurance.
  （私は市役所に勤める地方公務員です。健康保険を担当しています）

I work for... / I'm working for... （…に勤めています）
- I work for a shipping company.
  （運送会社に勤めています）
- I'm working for an accounting office.
  （会計事務所に勤めています）

I build [design, sell, etc.]... （…を建てる仕事をしています／…のデザインをしています／…の販売をしています、など）
- I build bridges.
  （橋をつくる仕事をしています）
- I design office furniture.
  （オフィス家具のデザインをしています）
- I sell vegetables and fruit to large supermarkets.
  （大きなスーパーに野菜と果物を卸す仕事をしています）

I've been working as... （…として働いてきました）
- I've been working as a computer programmer for ten years.
  （コンピュータのプログラマーとして10年間働いてきました）

My job is... （私の仕事は…です）
- As a trainer, my job is to help people get fit.

（トレーナーとしての私の仕事は、健康な体をつくる手助けをすることです）
► My job is to help new employees manage their time and work efficiently.
（私の仕事は新しく入った社員が時間と自分の仕事をうまく管理できるようにすることです）

I'm used to... （…には慣れています）
► I'm used to working late during the busy season.
（繁忙期に残業することには慣れています）
► I'm not used to dealing with people in a foreign language.
（外国語で応対することには慣れていません）

I'm not used to dealing with people in a foreign language.

9

天気について話す

　「おはようございます」とあいさつをしたあと、何を話したらいいかわからない…。そんな時に、いちばん便利な話題は、「天気」だろう。「今日の天気はどうでしょうね？」「雨が降りますかね？」といった話題をふれば、それがさらに長い会話の糸口になることもあるし、また天気の話題だけで話が終わっても、それなりに社交的な会話をはたしたことにもなる。

　まず、よく使われるのは、日本語でも、英語でも、次のような言い方ではないだろうか？

DOWNLOAD ▶ 01_37

It's a beautiful day, isn't it?
（いい天気ですね）

It may rain.
（雨が降るかもしれませんね）

Do you think it will rain soon?
（もうじき雨が降るでしょうか？）

I wonder what the weather will be like tomorrow.
（明日の天気はどうでしょうね？）

Hot today, isn't it?
（今日は暑いですね）

相手が先に天気の話題を出してきたら、次のような答え方がある。

DOWNLOAD ▶ 01 38

A: It's a beautiful day, isn't it?
B: It sure is.
A: いいお日和じゃないですか。
B: ほんと、いい日ですね。

A: Not a very nice day outside.
B: You said it. / Not good at all.
A: 外はあまりいい天気じゃないね。
B: まったくだね。/ひどい天気だよ。

A: What's the weather forecast for tomorrow?
B: It's going to be clear and warm [cloudy and cool].
A: 明日の天気予報はどうなってますか？
B: 晴れて暖かい［曇って涼しい］そうです。

最後に、天気に関するほかの表現を示しておこう。

アウトプットしてみよう！

DOWNLOAD ▶ 01 39

The forecast calls for sunny skies and strong winds.
（天気予報では晴れて風が強い、と言っています）

You might need an umbrella today.
（今日は傘を持っていったほうがいいみたいですよ）

How about taking a collapsible umbrella?
（折り畳み傘を持っていったら？）

10

外国人に日本の天候について話す

　外国を訪れる前には、誰もがその国の気候や気温を知りたいと思うだろう。外国人に日本の天候について尋ねられたことがある人も少なくないのではないか。たとえば、こんなふうに。

DOWNLOAD ▶ 01 40

What's the weather like in Japan?
（日本は大体どんな天候なんですか？）

　日本をはじめて訪れる人たちに、どのように説明してあげればいいだろうか？　2020年の東京オリンピックに向けて、外国からの訪問者が増えると予想されるので、ぜひそれに対応できる表現を身につけておきたいものだ。

　日本を訪れる外国人が尋ねると思われる天気に関する質問と、それに対する答え方の例を示す。どちらもアウトプットできるようにしよう。

DOWNLOAD ▶ 01 41

A: What's the weather like in Japan?
B: They have snow and cold winds in winter and in summer it can be hot and humid.

A: 日本は天候はどうなんでしょう？
B: 冬は雪が降って風も冷たいですし、夏は暑くて蒸しますね。

日本の特定の地域について尋ねられることもあるだろう。

> **DOWNLOAD ▶ 01 42**
>
> A: How's the weather in Kyushu in March?
> B: It can get very cold and even snowy.
> A: 3月の九州というと天気はどうでしょう？
> B: とても寒くなって雪が降ることもありますね。

「必ず、というわけではないが、そういう場合もある」という意味合いで can が用いられる点にも注意してほしい。

以下、天候に関する会話例を1つ示しておこう。

アウトプットしてみよう！

> **DOWNLOAD ▶ 01 43**
>
> A: I'm planning to travel to Japan soon. What season do you recommend?
> B: Spring is a good time, say, between April and May.
> A: What's it like in Tokyo in August?
> B: It's usually hot and muggy.
> A: Maybe I should choose a different season. Do you have any recommendations?
> B: Fall is a good time. Sometimes we have a typhoon, but it's not so humid and the evenings are usually a little cool. Plus, in fall you get to see the leaves changing colors.
> A: 近々日本に旅行したいと思っているのですが、どの季節がお勧めですか？
> B: 春がいいですよ。そう、4月とか5月ですね。
> A: 8月の東京とかはどうですか？

B: まあ、たいてい暑くてじめじめしますね。
A: じゃ、別の季節にしたほうがいいかもしれませんね。ほかにはいい季節はありますか？
B: 秋もいいですよ。台風が来ることがあるけれど、それほど湿気もないし、夜になると涼しいですからね。それに、秋になると紅葉が楽しめますよ。

11

ホテルのフロントや会社の受付などで名乗る

外国を旅行していて、まず誰もがコミュニケーションをはからなければならないのが、ホテルのチェックインの時である。自分から先に Good evening, I have a reservation. My name is... (and my reservation number is 123456).（こんばんは。予約をしてあるのですが。…といいます［予約番号は 123456 です］）などと話しかければよいのだが、フロント係のほうから先に声をかけてきた場合は、以下のような会話の流れになるだろう。

DOWNLOAD ▶ 02_01

A: Good evening, madam. May I help you?
B: Yes, please. I'd like to check in. My name is Sumire Kobayashi. The last name is Ko-ba-ya-shi, Kobayashi.
A: Yes, Ms. Kobayashi. We have you for two nights. Is that correct?
B: Yes.

A: こんばんは。ご用を承ります。
B: お願いします。チェックインです。小林すみれといいます。姓は、こ・ば・や・し、小林です。
A: はい、小林様ですね。2晩のご宿泊でよろしいですか？
B: ええ、そうです。

また、会社の受付では、「**自分がどこの誰で、誰と会う約束をしているか告げる**」という決まりごとがある。

> **DOWNLOAD ▶ 02_02**
>
> A: Good morning. My name is Karin Kawaguchi, from Nomoto Industries. I'd like to speak with Mr. Douglas Ross. I have an appointment with him at 10:30.
> B: Thank you. Just a moment, please. I'll let him know you are here.
> A: Thank you.
>
> A: おはようございます。野元産業から参りました川口かりんと申しますが、ダグラス・ロス氏をお呼びいただけないでしょうか。10時半にお約束をしております。
> B: かしこまりました。少々お待ちいただけますか？こちらにいらしていると伝えますので。
> A: どうも。

用件が面接であれば、次のような会話になるだろう。

> **DOWNLOAD ▶ 02_03**
>
> A: Good afternoon. I'm Kaoru Matsuda. I'm here for an interview in the Personnel Section. My appointment is for 2:00 p.m.
> B: Please have a seat. I'll let them know you're here.
> A: Thank you very much.
>
> A: こんにちは。松田薫と申します。人事部の面接に参りました。午後2時にお約束しております。
> B: どうぞお掛けになってお待ちください。いま、部署に伝えますので。
> A: どうもありがとうございます。

では、ホテルのフロントや会社の受付などで使える表現をまとめる。

アウトプットしてみよう！

DOWNLOAD ▶ 02 04

I'd like to... （…したいのですが）
- I'd like to check in, please.
 （チェックインしたいのですが）
- I'd like to talk with Ms. Lisa Williams.
 （リサ・ウィリアムズさんはいらっしゃいますでしょうか）

I have an appointment with... （…とお約束をしております）
- I have an appointment with Mr. Akiro Wada in the editorial department.
 （編集部の和田明郎さんとお約束をしております）

I'm here for... （…［用向き］で参りました）
- I'm here for an interview in the sales department.
 （営業部の面接に参りました）

12

人に意見を求める／人の意見に賛成する［反対する］

誰かと親しくなれば、その人に意見を求めることもあるだろう。また相手の意見に賛成したり、反対することもあるだろう。こうした時にどんな言い方をしたらいいだろうか？ ここではそれを考えてみよう。

まず、次の会話を見てほしい。

DOWNLOAD ▶ 02 05

A: What do you think about the new sports center?
B: I don't know. It's great to have a new facility, but I hear it costs a lot to use.

A: 新しいスポーツセンターについてどのように思われますか？
B: いや、あまり考えてないんですよ。新しい施設ができるのはよいことだけど、使用料が結構かかるって聞きますし。

AのWhat do you think about...? は、相手に意見を求める定番の言い方なので、ぜひ使えるようにしよう。この場合、How do you think about...? とは言わないので、注意してほしい。

What do you think about...? のほかに、What's your take on...? / What's your view on...?（…についてご意見は？）といった聞き方もあるので覚えておこう。

そして、相手の意見に賛成であれば、次のように言えばよい。

12 人に意見を求める／人の意見に賛成する【反対する】

DOWNLOAD ▶ 02_06

I fully agree with you.
(あなたのお考えにまったく賛成です)

I couldn't agree more.
(大賛成ですよ)

一方、相手の意見に反対の場合は、さまざまな言い方ができる。

DOWNLOAD ▶ 02_07

I disagree. I think that...
(反対です。私の思うには…)

I'm afraid I don't agree.
(うーん、悪いけど賛成できませんね)

That may be true, but...
(それはそうかもしれませんが、でも…)

I'm really not sure.
(正直わかりません)

では、上の表現が実際の会話でどう使われるか見てみよう。

DOWNLOAD ▶ 02_08

A: I believe that everyone should go to university.
B: I disagree. I think that young people should study abroad or work a while before they decide whether

to go to university.
A: みんな大学に行くべきだと思います。
B: そうは思いません。若い人たちは、大学進学を決める前に、しばらく外国で勉強するか働くべきだと考えます。

DOWNLOAD ▶ 02_09

A: In my view, John F. Kennedy was a great president.
B: I'm afraid I don't agree. He didn't accomplish a lot before he was assassinated.
A: 私が思うに、ジョン・F・ケネディは偉大な大統領です。
B: そうは思いません。ケネディは大したことをしないうちに暗殺されてしまいました。

このように、相手の意見に反対する場合は、**はっきりそう伝えるのではなく、不賛成の意を示したり、やんわりと否定する**表現が多い。そのあたりの感覚や配慮は、日本語でも英語でも同じだ。気をつけよう。

では、相手の意見に反対する際に使える表現をさらにいくつか紹介する。

DOWNLOAD ▶ 02_10

There's something to be said for both sides.
(どちらにも言い分がありますよね)

I have mixed feelings.
(いやあ、簡単にどちらかと割り切れないです)

I think one can make a case for the opposite view.
(反対の意見もそれなりに筋が通っていると思います)

ほかにも、I'm not convinced that...(…だとまでは言えないですね)といった言い方がある。

では、「人に意見を求める」「人の意見に賛成する［反対する］」際に使える表現をまとめる。

アウトプットしてみよう！

DOWNLOAD ▶ 02_11

What do you think about...? (…についてどう思いますか？)
▶ What do you think about the author's new story?
(あの作家の新作についてどう思いますか？)

What's your take on...? (…についてご意見は？)
▶ What's your take on this news article?
(このニュース記事をどう思いますか？)

What's your view on...? (…についてご意見は？)
▶ What's your view on the result of the referendum?
(この国民投票の結果について、どう思いますか？)

I agree... (…に賛成です)
▶ I fully agree with it.
(それにまったく賛成です)

I disagree... (…に反対です)
▶ I completely disagree with it.
(全面的に反対です)

I'm not convinced that... (…だとまでは言えません)
- I'm not convinced that wind power and solar power can replace nuclear power.

(風力と太陽エネルギーが原子力に代わりうるとまでは言えません)

What do you think about the author's new story?

13

人を誘う／人の誘いに答える

　人を誘う場合には、Are you free on Saturday?（土曜日は空いてますか？）などといきなり聞いたりしないことが大切だ。それが自然のように思われるかもしれないが、実際こう聞かれると相手はやや引いてしまうかもしれない。何かをする「暇」はあるかもしれないが、だからといってこちらの誘いに乗る義理はないからだ。

　こういう場合は次の会話文にあるような尋ね方をして、**相手が間接的にこちらの誘いを断れるような「逃げ道」を作ってあげる**配慮が必要だ。

> **DOWNLOAD ▶ 02_12**
>
> A: John, I don't know whether you have plans, but if you are free on Saturday, how about getting together for lunch?
> B: I'd love to, but I already have plans. Could I take a rain check?
>
> A: ジョン、何かもう用事が入ってるかもしれないけれど、もし土曜日に何も予定がないなら、一緒にランチを食べにいかない？
> B: ああ、それはぜひ行きたいけれど、もう予定が入っているんだ。また今度誘ってくれる？
> ［※この rain check は「（都合で申し出に応じられない時の）後日の招待［誘い］、別の機会」。例文のように、take a rain check の形で使われる］

　この場合も、ジョンはただ誰かとランチを食べに行きたくないだけかもしれない。しかし、このような誘い方をされれば、「食べに

いきたくない」と露骨に言わなくてもすむ。ていねいに I'd love to, but...（ぜひそうしたいけれども、実は…）と言って如才なくその場を切り抜けることができる。もちろん、ここで口にした「予定」が何かを説明する必要もない。

次のような誘い方もできる。

DOWNLOAD ▶ 02_13

If you're interested, how about going to a baseball game some time?
（もし興味があるなら、そのうち野球の試合を見に行かない？）

このように日にちを特定せずに聞けば、相手にプレッシャーを感じさせない誘い方になる。

同じような誘い方をもう1つ挙げよう。

DOWNLOAD ▶ 02_14

Let's get together for a game of tennis some Sunday.
（いつか日曜日にでも集まってテニスの試合をしようよ）

この場合も誘っている側は some Sunday と言うことによって「どの日曜日」かを特定せず、相手に負担を感じさせないような工夫をしている。このように誘われたら、強いて断る必要もない。次のような言い方で答えればよいだろう。

DOWNLOAD ▶ 02_15

I'd love to.
（いいねえ、ぜひ）

Yes, let's do that.
(いいね、やりましょう)

Yes, that would be nice.
(ええ、いいわね)

I'd like that.
(やりたいね)

Thank you. That would be wonderful.
(ありがとう。それは楽しみです)

Yes, thank you for asking me.
(ええ、誘ってくれてありがとう)

　これに対して、もし相手が How about this coming Sunday?（次の日曜はどう？）などと聞いてきたら、これは本当に誘っていることになるから、返事もはっきりしたものにする必要がある。誘いを断りたい、もしくは断らざるをえない場合は、次のような言い方をする。

DOWNLOAD ▶ 02 16

Sorry, I'm booked up.
(ごめん、もう予定が決まってるんだ)

I'm sorry, but I'm tied up.
(すみません、もう塞がっていまして)

I'm sorry, I have a previous engagement.
(申しわけありません。実は先約がございまして)

もちろん、「誘いに応じる」「誘いを断る」、そのどちらでもない場合もあるだろう。

　たとえば、誘いを断らなければならないが、日を改めてもらうことは可能だろうかとお願いしたいこともあるだろうし、今は誘いを受けられるかどうかわからないので、少し時間がほしいということもあるだろう。そんな時には、どんなふうに英語でアウトプットしたらよいだろうか？

　誘いを断らなければならないが、ほかの日なら可能であると言いたい時は、次のような表現が便利だ。

■ 別の可能性を示唆する言い方

DOWNLOAD ▶ 02_17

Sorry, but I can't make it. How about another day?
（すみません、無理みたいです。別の日ではいけませんか？）

That would be great, but I'm out of town then. How about Tuesday?
（ぜひそうしたいところですが、その日は出張が入っておりまして。たとえば火曜日ではいかがでしょうか？）

I'm afraid I can't join you on that day. Would next week work for you instead?
（あいにくその日はむずかしいですね。代わりに来週ではいかがでしょう？）

　人に誘われて、返事をするのに少し時間がほしいという場合は、次のような言い方がある。

■ 少し時間がほしいと伝える言い方

DOWNLOAD ▶ 02_18

Let me check my calendar and let you know tomorrow.
(ちょっと予定を確認して、明日返事します)

I'm not sure when my meeting will end. Can I call you when I'm done?
(会議がいつ終わるのかまだはっきりとわからなくて。わかり次第電話を差し上げます)

I can't confirm my schedule until Friday. As soon as I know, I'll tell you.
(金曜日まで予定が確定しません。わかりしだい、お知らせいたします)

では、「人を誘う」「人の誘いに答える」時に使える表現を示す。

アウトプットしてみよう！

DOWNLOAD ▶ 02_19

If you're free on ～, why don't you...? (もし～が空いていれば、…しませんか？)
▶ If you are free on Friday, why don't you visit my place?
(金曜日が空いていれば、ぼくの家に来ませんか？)

If you're interested, how about...? (もし興味があれば、…しませんか？)
▶ If you're interested, how about going to the exhibition some time?
(もし興味があるなら、その展覧会にいつか行きませんか？)

I'm not sure when...will end. （…がいつ終わるかはっきりとわかりません）
▶ I'm not sure when the concert will end.
（コンサートがいつ終わるかわかりません）

Let's... （…しませんか？）
▶ Let's try that new café for lunch.
（ランチはあの新しいカフェにしませんか？）

How about...? （…はいかがですか？）
▶ How about dropping by a tavern on the way home?
（家に帰る途中でバーに寄らない？）

Would...work for you instead? （代わりに…はいかがでしょうか？）
▶ Would tomorrow work for you instead?
（代わりに明日はいかがでしょうか？）

That would be great, but I'm out of town then. How about Tuesday?

14

趣味／好み／余暇の過ごし方について尋ねる［答える］

　今日では、相手の趣味を聞くのに、What is your hobby? というような直接的な聞き方はあまりしなくなっているようだ。

　では、相手の趣味を知りたい時は、どのように尋ねればいいだろうか？　一般的には、次のような尋ね方がある。

DOWNLOAD ▶ 02_20

What do you usually do in your free time?
(時間がある時は、普通は何をしていますか？)

　相手の好みについては、次のように尋ねるとよい。会話形式で示す。

DOWNLOAD ▶ 02_21

A: What kind of food do you like?
B: I like just about any variety. I particularly like Mexican dishes. I'm not too fond of fast food.

A: どんな料理がお好きですか？
B: たいていどんなものでも好きですけれどね。でも特に好きなのはメキシコ料理かな。ファストフードはそれほど好きではありません。

　仕事を離れた余暇の過ごし方については、次のように尋ねるのが一般的だろう。

DOWNLOAD ▶ 02 22

What do you do when you're off work?
(仕事以外の時は何をしていますか？)

すると、次のような答えが返ってくるかもしれない。

DOWNLOAD ▶ 02 23

Well, I enjoy spending time cooking. I'm learning how to bake cookies and other sweets.
(えーと、料理を作って楽しんだりしています。今、クッキーなんかのお菓子の作り方を習ってるんですよ)

I participate in a mixed chorus group. We have rehearsals once a week in the evening and sometimes on Saturday. Do you sing?
(混声合唱団に入っているんですよ。週に1度平日の夜と時々は土曜日にも集まって練習をします。あなたは合唱などなさいますか？)

実際の会話例で確認してみよう。

DOWNLOAD ▶ 02 24

A: What kind of sports do you like?
B: I like baseball, basketball, tennis and sumo.
A: Sumo? You must be kidding!
B: Well, I don't do sumo but I like to watch it on TV.

A: どんなスポーツがお好きですか？
B: 野球にバスケットボール、テニス、それから相撲も好きですね。
A: 相撲ですって？本当ですか？
B: ええ、自分じゃしませんけれど、テレビで見るのは好きです。

14 趣味／好み／余暇の過ごし方について尋ねる［答える］

DOWNLOAD ▶ 02 25

A: Do you play tennis regularly?
B: I play every chance I get. But recently, I only play once a month.
A: What about basketball?
B: I join in pickup games at the local gym from time to time.
A: Wow, you're really active.

A: テニスはよくなさるんですか？
B: 機会がありしだいやってますよ。でも最近は月に1回くらいかな。
A: バスケットボールはどうですか？
B: 地元の体育館で居合わせた人たちと一緒に時々ゲームをします。
A: すごいですね。本当に運動がお好きなんですね。

では、「趣味／好み／余暇の過ごし方ついて尋ねる［答える］」表現をまとめる。

アウトプットしてみよう！

DOWNLOAD ▶ 02 26

What do you do in [during]...? （…に［のあいだ］何をしますか？）
▶ What do you do during your vacations?
（休みのあいだ、何をしますか？）

What do you do when...? （…の時に何をしますか？）
▶ What do you do when you get to a new city?
（新しい都市に着いたら、何をしますか？）

What kind of...do you like? （どんな…がお好きですか？）

> **What kind of entertainment do you like?**
> （どんな娯楽がお好きですか？）

Do you...regularly? （定期的に［よく］…しますか？）
> **Do you eat sashimi regularly?**
> （刺身はよく食べますか？）

I like to... （…するのが好きです）
> **I like to attend performances of traditional theater.**
> （伝統劇を観るのが好きです）

I enjoy... （…を楽しんでいます）
> **I enjoy trying the local cuisine.**
> （地元料理を食べるのを楽しんでいます）

What do you do when you're off work?

Well, I enjoy spending time cooking. I'm learning how to bake cookies and other sweets.

15

バスや電車の中でたまたま出会った人と話す

　たまたま出会った人と、おたがい名乗らないまま、「ちょっとしたおしゃべり」(small talk) をすることはよくある。旅行などではそれが1つの楽しみにもなるだろう。

　しかし、旅先での出会いはまったく予期せぬものだし、実際に話すことも限られている。そこで、たまたま出会った人と話ができるように話題を用意しておこう。たとえば、天気や、交通機関について、さらには当たり障りのないニュースや、地元で人気のスポーツについて、なにかしら言えるようにしておくとよい。ここでは、バス停とバスの車内を想定した会話例を示してみよう。

DOWNLOAD ▶ 02 27

A: Have you been waiting long?
B: No, about 5 minutes.
A: Well, I guess another bus will be coming before long.

A: ずいぶんお待ちですか？
B: いいえ、5分くらいですよ。
A: じゃ、そろそろ来てもいい頃ですね。

このあと、次のように話をつづけることができるだろう。

15 バスや電車の中でたまたま出会った人と話す

DOWNLOAD ▶ 02 28

B: Nice weather today.
A: Yes, it is. Maybe the rainy days have gone for a while.
B: Do you take this bus regularly?
A: Yes, I'm on my way to work.

B: 今日はいい天気ですね。
A: ええ、そうですね。しばらくお天気が続きそうですね。
B: いつもこのバスを使われるんですか？
A: ええ、これから仕事に行くところです。

何か尋ねてみるのもよいだろう。

DOWNLOAD ▶ 02 29

B: Do you know how long it takes to get to the Museum of Ancient Art?
A: It's about 10 minutes from here, about three stops.

B: ここから古代美術館までどのくらいかかるかご存知ですか。
A: ここからなら約10分ですね。バス停でたしか3つ目だったと思います。

バスの中では、あるいはこんな会話が交わされるかもしれない。

DOWNLOAD ▶ 02 30

A: Where are you from?
B: I'm from Japan, from Akita, north of Tokyo.
A: Are you here for sightseeing or on business?
B: Sightseeing. This is my first visit to London and I want to see as much as possible.

A: どちらからおいでですか？

B: 日本です。秋田といって、東京の北です。
A: 観光ですか、それともお仕事?
B: 観光です。ロンドンに来るのは初めてで、できるだけ多く見て回りたいと思ってるんです。

では、バスや電車の中でたまたま出会った人と話す際に使える表現をまとめる。

アウトプットしてみよう!

DOWNLOAD ▶ 02 31

Do you...regularly? (普段から…されているんですか?)
▸ Do you take this subway regularly?
(普段からこの地下鉄を使っていらっしゃるんですか?)
▸ Do you shop here regularly?
(いつもこの店で買い物してるんですか?)

Where...? (…はどちらですか?)
▸ Where are you from?
(ご出身はどちらですか?)
▸ Where do you come from?
(どちらからいらしたんですか?)

16

旅先で会話を楽しむ

　旅先での会話はつづく。

　偶然に出会った人と言葉を交わした経験は、意外と長く、また鮮明に記憶にとどまるものである。ここでは、「旅先で出会った人と、さらに会話を楽しむ」上で役立つ表現を考えてみよう。

　旅に出ると、地元の人と、現地の店などについて話すこともよくあると思う。

> DOWNLOAD ▶ 02 32
>
> A: What types of places are you interested in?
> B: In Japan, I work at a restaurant, so I'm interested in farmers' markets, cafes, places that sell kitchenware, almost anything related to food or preparing food.
>
> A: どんな場所に興味がおありですか?
> B: 日本ではレストランに勤めているんです。だから産地直売のマーケットとかカフェ、それに台所用品を売っているところかな。ともかく食べ物や料理に関係するところなら、たいていどこでも興味があります。

地元の人から有益な情報も教えてもらえるかもしれない。

> DOWNLOAD ▶ 02 33
>
> A: Have you been to Harrod's yet?
> B: No. Why?

A: They have a great assortment of kitchen utensils, tableware and foods. It's a bit expensive, but window-shopping is free.
B: Thank you, I'll give it a try.
A: Well, here's my stop. Hope you enjoy your stay in London.
B: Thank you. It was very nice talking with you.

A: じゃ、ハロッズへはもう行きました？
B: いえ、まだですけれども？
A: いや、あそこは調理器具も食器類も食べ物も品ぞろえがすごいんですよ。ちょっとお高いけれど、まあ見るのはただですからね。
B: そうですか。教えていただいてありがとうございます。行ってみます。
A: えっと、ここで降りなきゃ。どうぞロンドンを楽しんでいってください。
B: ありがとうございます。お話、楽しかったです。

次もよくある会話だ。

DOWNLOAD ▶ 02 34

A: What sort of work do you do?
B: I'm an interior decorator. I do a lot of freelance work for people who buy condominiums.
A: That sounds like interesting work.

A: どういった方面のお仕事をされているんですか？
B: インテリア・デザイナーです。フリーなんですけど、マンションを買った人からたくさん仕事を請け負ってやっています。
A: 面白そうなお仕事ですね。

上手に会話するには、自分のことばかり長々と話すのではなく、相手にも話してもらうことが必要だ。たとえば次のような言い方をしたらどうだろう。

> **DOWNLOAD ▶ 02_35**

I've told you about myself. What do you do?
(私のほうはこれくらいとして、ところであなたは何をなさっているんですか？)

What about you? What type of work do you do?
(それであなたのほうは？どういった方面のお仕事をされているのですか？)

では、旅先で会話を楽しむ時に使える表現をまとめる。

アウトプットしてみよう！

> **DOWNLOAD ▶ 02_36**

What type(s) of...? (どんな［種類の］…を？)
▶ **What types of places do you want to visit?**
 (どんなところに行ってみたいですか？)
▶ **What type of restaurant are you looking for?**
 (どんなレストランをお探しなんですか？)

Have you been to...? (…にはもう行かれましたか？)
▶ **Have you been to Roppongi Hills?**
 (六本木ヒルズにはもう行かれましたか？)
▶ **Have you visited the Museum of Modern Art yet?**
 (現代美術館にはもう行きましたか？)
▶ **Have you tried chirashi zushi yet?**
 (ちらし寿司は食べてみましたか？)

17

外国人に日本を訪問したことがあるか、日本で何をしたか［したいか］尋ねる

海外で日本を訪れたことがある人に会うこともよくあるだろう。そんな時は、「観光あるいは仕事で行ったのか」「どのくらい滞在したのか」「日本の印象はどうだったか」といったことを尋ねれば、会話がはずむだろう。相手も喜んで話してくれるにちがいない。

たとえば、Have you ever been to Japan?（日本にいらしたことはありますか？）と尋ねれば、相手は Yes か No に加えて、自分の経験や気持ちも話してくれるはずだ。

DOWNLOAD ▶ 02_37

A: Have you ever been to Japan?
B: No, I haven't but I hope to some day. / Yes, I've been several times.

A: 日本にいらしたことはありますか？
B: いや、まだないんですよ。いつか行きたいんですがね。／ええ、何度か行きましたよ。

日本を訪問したことがあると答えた人には、さらに質問すれば、きっと会話が楽しくなるだろう。

DOWNLOAD ▶ 02_38

Was it on business or for pleasure?
（仕事で行ったのですか、それとも観光で？）

Which season was it?
(季節はいつ頃でしたか？)

Where all did you go?
(どんなところに行きましたか？)

次のように尋ねて、もう少し詳しく聞いてもよい。

DOWNLOAD ▶ 02 39

What did you do while you were there?
(日本ではどんなことをされたのですか？)

What did you think of the food?
(食べ物はどうでした？)

Did you get a chance to visit Kobe?
(神戸には行かれませんでしたか？)

I'm from Kamakura. Did you have a chance to visit it?
(私は鎌倉出身です。鎌倉には行きませんでした？)

Did you happen to visit Kiyomizu-dera?
(清水寺とかは行かれませんでしたか？)

上の表現を使った会話例を2つ示す。

DOWNLOAD ▶ 02 40

A: What did you do while you were there?
B: I went to Akihabara to see some otaku culture.

A: 日本ではどんなことをされていたんですか？
B: 秋葉原に行って、オタク文化に触れました。

DOWNLOAD ▶ 02_41

A: What did you think of the maid cafés?
B: The café I went to was really fun. I'd recommend it to anyone.

A: メイド・カフェはどうでした？
B: 私が入ったお店はとってもよかったです。誰にでもお勧めですね。

日本を訪れている外国人に対しては、次のように尋ねたらいいだろう。

DOWNLOAD ▶ 02_42

Is this your first visit to Japan or have you been here before?
（日本にいらっしゃるのはこれが初めてですか？ それとも以前にいらしたことがありますか？）

Where do you plan to go?
（どちらに行かれるご予定ですか？）

What are you thinking about seeing?
（何をご覧になりたいとお考えですか？）

会話例も示す。

> DOWNLOAD ▶ 02_43

A: How many times have you been here in Japan?
B: This is my third time. I've already been to Tokyo, Kyoto and Kamakura.

A: 日本にはこれまで何度いらしたことがあるのですか？
B: 今回で3回目です。すでに東京、京都、そして鎌倉に行きました。

> DOWNLOAD ▶ 02_44

A: Where would you like to go?
B: This time I'm going to Nara, Ise and Mt. Koya.

A: どちらに行かれますか？
B: 今回は奈良、伊勢、そして高野山に行く予定です。

以下、外国人に日本を訪問したことがあるか、日本で何をしたか［したいか］尋ねる表現をまとめた。

アウトプットしてみよう！

> DOWNLOAD ▶ 02_45

Have you ever been to...? (…に行ったことがありますか？)
▶ Have you ever been to Kinkakuji in Kyoto?
（京都の金閣寺に行ったことがありますか？）

What did you do while you were...? (…に行かれた［いた］時に何をしましたか？)
▶ What did you do while you were in Hokkaido?
（北海道では何をしましたか？）

Did you get a chance to...? (…する機会はありましたか？)
▸ Did you get a chance to see a fireworks display?
(花火は見られましたか？)

Did you happen to...? (…するようなことはありましたか？)
▸ Did you happen to see sumo while you were in Tokyo?
(東京滞在中に相撲は見られましたか？)

Is this your first visit to...? (…に行かれるのは初めてですか？)
▸ Is this your first visit to Kyushu?
(九州に行かれるのは初めてですか？)

18

レストランで食事をする

　レストランでウェイターと英語で話すのはちょっと気が重い…という人もいるだろう。そこで、予想されるやり取りを頭に入れておくと、店の人の質問にどぎまぎすることもなく、すんなりと話せるだろう。

　ここではレストランで使う英語表現を見てみよう。

　まず、入り口でHow many are in your party?（何人様でいらっしゃいますか？）と聞かれたら、次のように答えればいい。

DOWNLOAD ▶ 02_46

Do you have room for two? / Do you have a table for two?
（2人なんですが）

Two, please. Non-smoking.
（2人ですが。禁煙席をお願いします）

　席に案内されたら、いよいよ注文だ。その際には、I'd [We'd] like (to)...（…をお願いします／…をください）という言い方が便利だ。

DOWNLOAD ▶ 02_47

A: Good evening. How are you folks tonight?
B: Fine, thank you.
A: Can I bring you something to drink while you look at a menu?

> **B: We'd like two draft beers, please. / No thanks, we're ready to order.**
>
> A: いらっしゃいませ。ようこそいらっしゃいました。
> B: ええ、ありがとう。
> A: メニューをご覧になるあいだ、何かお飲み物をお持ちしましょうか?
> B: じゃ、生ビールを2つお願いします。/いいえ、もう決めましたので。

　ウェイターの質問に1つひとつ答えなくていいように、あらかじめ注文するものをすべて決めておいてもよいだろう。そして、サラダを食べるならばお好みのドレッシングを、またステーキを頼むならば、焼き加減(レアは衛生上お勧めできない)を先に言ってしまうのだ。2種類のサラダから選べるならば、それも決めておく。コーヒーや紅茶についても、Coffee, with the meal.(コーヒーを、食事と一緒にお願いします)とか、Tea, after the meal.(紅茶を食事のあとで)などと言えばいいだろう。ウェイターに一歩先んじて言ってしまえば、質問と答えのやり取りを何度もしないですむ。

DOWNLOAD ▶ 02 48

I'd like to have a glass of red wine.
(赤ワインをお願いします)

I'd like coffee with my dessert.
(コーヒーはデザートの時にお願いします)

まとめて注文する例を見てみよう。

DOWNLOAD ▶ 02 49

I'd like to have a chef's salad, with vinaigrette dressing; a rib-eye steak cooked medium well; a baked potato

and green beans; a piece of apple pie; and coffee with dessert.
(シェフサラダをフレンチドレッシングでください。それからリブアイステーキをミディアムウェルで。野菜はベイクドポテトとサヤマメ、デザートはアップルパイを1切れとコーヒーでお願いします)

また、Do you serve...?（…はありますか？）という言い方もよくする。

DOWNLOAD ▶ 02_50

Do you serve decaffinated coffee?
（カフェインレスのコーヒーはありますか？）

Do you serve any kind of sautéed fish?
（何か魚をソテーした料理はありますか？）

つづいて、レストランで食事を供され、ウェイターと話し、店を出るまでの表現を考えてみよう。

以下、それぞれの状況で想定される会話をまとめた（A＝ウェイター、B＝客）。店を訪れる客になったつもりで、例文をよく読んでほしい。

食事の合間には、次のようにウェイターに尋ねられるかもしれない。

DOWNLOAD ▶ 02_51

A: Is everything okay here?
B1: My salad hasn't come yet.
B2: Could I have some ketchup?
B3: Could I have my fish cooked a little more? It's not cooked through.

A:	何も問題はございませんか？
B1:	サラダがまだです。
B2:	ケチャップをいただけますか？
B3:	魚にもう少し火を通していただけますか？　よく焼けていないようです。

「お皿はお下げしましょうか？」と聞かれて、「まだです」と答えたいのであれば、Noだけではぶっきらぼうに聞こえるので、もう一言添えよう。

DOWNLOAD ▶ 02 52

A: Would you like me to take that?
B: No, I'm still working on it.
A: Please take your time.

A: お下げしてよろしいですか？
B: いや、まだ途中です。
A: どうぞごゆっくり。

料理をほめれば、店の人に喜んでもらえるだろう。

DOWNLOAD ▶ 02 53

A: Would you like me to take that?
B: Yes, please. The beef was really good.

A: お下げしてもよろしいですか？
B: はい、お願いします。ビーフがとてもおいしかったです。

食後のデザートや飲み物について尋ねられたら、次のように簡単に答えればいい。

> **DOWNLOAD ▶ 02 54**

A: Are you ready for dessert?
B: Yes, please.

A: デザートをお持ちしてよろしいでしょうか？
B: はい、お願いします。

> **DOWNLOAD ▶ 02 55**

A: Would you like more coffee?
B: Yes, please.

A: コーヒーのおかわりはいかがですか？
B: はい、お願いします。

もちろん、無理して飲まなくてもよい。

> **DOWNLOAD ▶ 02 56**

A: Would you like more coffee?
B1: No, thank you.
B2: I'm fine, thank you. (=I don't need any more, thank you.)

A: コーヒーのおかわりはいかがですか？
B1: いいえ、結構です。
B2: 結構です。ありがとう（＝もうこれ以上はいりません。ありがとう）。

　もちろん、自分から Excuse me, could I have another cup of coffee?（すみません、コーヒーのおかわりをいただけませんか？）と頼むこともできる。

　食事が終われば、勘定をすませなければならない。

DOWNLOAD ▶ 02_57

B: Could we have our check, please?
A: Certainly, I'll be right back.
B: Thank you.

B: お勘定をお願いします。
A: かしこまりました。今お持ちします。
B: どうも。

店を出る時に、料理に満足したなら We enjoyed dinner.（おいしかったですよ）などと言おう。相手も喜ぶはずだ。

DOWNLOAD ▶ 02_58

A: Good night. Have a good evening.
B: Thank you. We enjoyed dinner.

A: ありがとうございました。お気をつけて。
B: ごちそうさまでした。おいしかったですよ。

では、レストランで使う基本表現をまとめる。

アウトプットしてみよう！

DOWNLOAD ▶ 02_59

I'd [We'd] like (to)... （…をお願いします／…をください）
- I'd like a draft beer and some french fries.
  （生ビールとフライドポテトがいいです）
- We'd like to have some kind of local fish dish. What do you recommend?
  （何か地元の魚料理を食べてみたいです。何がおすすめですか？）

Do you serve...? (…はありますか？)
- Do you serve vegetarian dishes?

  (ベジタリアン料理はありますか？)
- Do you serve Mexican food of any kind?

  (なにかメキシコ料理はありますか？)

A: Can I bring you something to drink?
B1: Yes, I'd like to have a glass of beer, please.
B2: No, thank you. I'd like to look at a menu and order, please.

A: なにかお飲み物をお持ちしましょうか？
B1: ええ、ビールをお願いします。
B2: 結構です。メニューを見て、注文します。

19

ファストフード店で注文する

　ファストフード店は世界中どこでもかなり標準化されているが、注文する時にいくつか質問に答える必要がある。何を注文するか前もって決めておけば、まごまごせずに注文をすませることができる。

　必ず告げなければならないのは、「何をどのサイズでほしいのか」ということだ。これはコーヒーショップでも同じで、まずカウンターに行って何がほしいのか詳細に（たとえばミルクは要るのか、それとも豆乳がよいのかなど）告げる必要がある。

　最初に聞かれるのは、「店内で食べるのか、テイクアウトにするのか」ということだが、次のようにいろいろな言い方がある。

DOWNLOAD ▶ 02 60

1. Will that be for here or to go?
2. For here or to go?
3. Eat in or take out?
4. Eat here or take away?

　日本語では「テイクアウト」が普通だが、英語では4のように take away が使われることもよくある。

　このあと、注文に移り、お金を先払いするという手順はどの店でも同じなので、店員に聞かれる前に先回りして必要なことを言ってしまうこともできる。この時は、I want... ではなく I'd like... を使う。より丁寧な言い方になるからだ。

　実際には、店員と次のような会話をすることになるだろう（A＝客、

19. ファストフード店で注文する

B＝店員）。

> **DOWNLOAD ▶ 02 61**
>
> A: I'd like a double-cheeseburger, with a medium fries, and a small coke.
> B: For an extra 50 cents, you can have a large coke.
> A: No, thanks.
> B: Will that be cash or charge?
> A: Cash.
>
> A: ダブルチーズバーガーをください。ポテトは中サイズで、コーラは小でお願いします。
> B: 50セント足せばコーラを大にできますが。
> A: いえ、結構です。
> B: お支払いは現金ですか、カードになさいますか？
> A: 現金でお願いします。

a small coke や a medium fries, a large coke という言い方に注意しよう。S-size, M-size, L-size とは言わない。

また、アメリカではファストフード店でも支払いはクレジットカードを使用する人が多い。

コーヒーショップでも基本的には同じだが、会話例を挙げておく（A＝店員、B＝客）。

> **DOWNLOAD ▶ 02 62**
>
> A: Good morning, what can I get for you?
> B: I'd like a large café au lait, in a mug, with an extra shot of espresso, and a sugar donut. And I'd like to pay with my credit card.
>
> A: いらっしゃいませ。ご注文をどうぞ。
> B: カフェオレの大をマグでください。それからエスプレッソを濃いめで。

> シュガードーナッツもお願いします。支払いはクレジットカードで。

もう一例。

DOWNLOAD ▶ 02 63

A: Are you ready to order?
B: No, I haven't decided.
A: ご注文をうかがいましょうか？
B: いいえ、まだ決まっていません。

以上の表現をいつでも使えるように、繰り返し練習してみてほしい。

では、ファストフード店で注文する、または店内の環境を尋ねる際に使える表現をまとめる。

アウトプットしてみよう！

DOWNLOAD ▶ 02 64

▶ Excuse me. I'd like to order.
（すみません。注文します）

I'd like...（…をお願いします／…をください）
▶ I'd like a small chocolate frozen yoghurt for dessert.
（デザートに小さいチョコレート・フローズンヨーグルトをください）

▶ Is the Wi-Fi in your shop free of charge?
（このお店はフリー Wi-Fi が使えますか［ただで Wi-Fi が使えますか］？）

▶ Is your Wi-Fi free?
（ここは Wi-Fi はフリーですか？）

▶ How long will it take to make the BLT?
（BLT サンドイッチはどれくらいかかりますか？）

20

お祝いを言う／
お祝いの言葉に答える

　お祝いは、率直に、心を込めて言うことが大切だ。できればお祝いごとの内容を具体的に述べたほうがよい。たとえば大学に合格した人には、単に「合格した」ことだけではなく、「希望の××大学に合格したんだってね！」と言えば、より相手に喜んでもらえるだろう。このように**具体的に言うことで、それだけ相手に強い関心を持っていることが伝えられるのだ。**

　お祝いの気持ちを伝える表現としては、まず以下の言い方がよく使われる。

DOWNLOAD ▶ 02 65

Congratulations!
（おめでとうございます！）

That's good news!
（それはいいお知らせ［ニュース］です！）

Good for you!
（よかったですね！）

　では、こうした表現が実際の会話の中でどのように使われるか見てみよう。

DOWNLOAD ▶ 02 66

A: Congratulations on getting accepted at Columbia! That's really good news!
B: Thank you. I'm excited about it.

A: コロンビア大学合格おめでとう！いやあ、いい知らせだ！
B: ありがとうございます。僕も本当にうれしくって。

昇進した人に対しては、次のように祝福の気持ちを伝えればいいだろう。

DOWNLOAD ▶ 02 67

A: I hear you have been promoted to department head. Congratulations! That's quite an accomplishment.
B: It's very nice of you to say that. Thank you.

A: 聞いたよ、部長に昇進したんだって？おめでとう！すごいじゃない。
B: 喜んでくれてうれしいよ。ありがとう。

このような場合、日本語では「いやいやとんでもない」などと答えて謙遜するが、英語では、**相手がほめてくれたらまずお礼を言い**、それからさりげなく話題を転じるのがより自然なやり取りだろう。

DOWNLOAD ▶ 02 68

A: You won the competition? That's wonderful news. Good for you!
B: Thanks. I didn't think I would have a chance, but I was lucky.
A: I don't think it was just a matter of luck.

A: コンペに勝ったんだって？そりゃすばらしい知らせだ。よかったね！

B: ありがとう。僕も勝てるとは思ってなかったんだけれど、運がよかったよ。
A: いやいや、運がいいとか悪いとかじゃないよ。

では、お祝いを言う際に使える表現をまとめておこう。

アウトプットしてみよう！

DOWNLOAD ▶ 02_69

Congratulations on... （…［は］おめでとうございます）
- Congratulations on your marriage, Lisa.
  （リサ、ご結婚、おめでとう）
- Congratulations on your promotion, Jim.
  （ジム、昇進おめでとう）

I hear you... （…とお聞きしました／…だそうですね）
- I hear you have been chosen for Employee-of-the-Month because you had the best sales record. Good for you!
  （営業成績がトップで月間最優秀社員に選ばれたんだってね。やったじゃない！）
- I hear you finally found a nice apartment. That's good news!
  （とうといいマンションが見つかったんですってね。よかったわね！）

21

けがの症状を伝える

　海外に旅行したり、滞在している時に、けがや病気をすることもあるだろう。日本語では、けがの症状を伝える場合、「ヒリヒリ」「ズキズキ」などさまざまな擬態語を用いるが、英語では sore や throbbing といった語でそれぞれの痛み具合を表現する。ホテルのフロントや現地の医師に症状を口頭で説明できるように、事前に準備しておけば、いざという時に困らないだろう。

　症状を医師に伝える場合は、自分が一方的に伝えるのではなく、医師の質問に答えるのが普通だ。そこで、医師とのやり取りでそれをどう伝えればいいか、このセクションでは「けが」の場合を想定して考えてみよう。

　以下は、医師（A）と患者（B）の会話例である。

　まずは医師に症状を聞かれたら、「**どこが痛いか**」はっきり伝えよう。

DOWNLOAD ▶ 03_01

A: Good afternoon. What can I do for you?
B: I have a constant pain in my knee.

A: こんばんは。どうされました？
B: ずっと膝が痛いんです。

医師は、実際に患部を触って尋ねることもあるだろう。

21 けがの症状を伝える

DOWNLOAD ▶ 03_02

A: Let me take a look. [Pressing] Does it hurt here?
B: No, not there.
A: [Pressing] How about here?
B: Yes, that hurts.

A: ちょっと拝見しますね。[膝を押して]ここが痛みますか？
B: いえ、そこは痛みません。
A: [別の所を押して] ここはどうですか？
B: ええ、そこは痛いです。

医師は、（思い当たる）原因を尋ねる場合もあるだろう。

DOWNLOAD ▶ 03_03

A: Did you twist your knee or fall?
B: No, not that I can remember.

A: 膝をひねるとか、転んだりしたことはありますか？
B: いや、ちょっとそういう覚えはないですね。

そして、医師の診断をよく聞き、それにしたがおう。

DOWNLOAD ▶ 03_04

A: Have you been walking a lot?
B: Yes, I walked a lot yesterday.
A: I don't think the problem is serious. But I would recommend that you stay off your feet for an hour in the middle of the day. Stretch out, put a pillow under you knee and rest your knee. I think you'll be okay.

A: たくさん歩くほうですか？

B: ええ、昨日もずいぶん歩きました。
A: あまり深刻なものではないと思いますが、でも日中も1時間は足を休ませるようにしてください。横になって、枕の上に膝を載せて休ませてみてください。そうすればよくなると思います。

痛みを伝える表現をまとめる。

アウトプットしてみよう！

DOWNLOAD ▶ 03_05

I have...in my ～（～に…があります）
- **I have a shooting pain in my arm.**
  （腕が刺すように痛いです）
- **I have a throbbing pain in my leg.**
  （脚がズキズキします）
- **I have a dull pain in my lower back.**
  （背中の下のほうに鈍い痛みがあります）

[※ shooting pain, throbbing pain, dull pain のほかに、constant pain, occasional pain, sharp pain など。arm, leg, lower back のほかに、neck, shoulders, chest など].

I have...（…があります［痛いです］）
- **I have a sore knee.**
  （膝がヒリヒリします）
- **I have a bruised elbow.**
  （肘が痛いです）
- **I have a cramped neck.**
  （首が締めつけられている感じです）

22

内科的な症状を伝える

　前のセクションでは外科的な症状を伝える表現を学習したが、今度はお腹の痛みなど内科の症状をどう伝えたらよいか考えてみよう。

　この場合も、やはり医師に症状を聞かれて答えるのが普通だと思うので、医師（A）と患者（B）の会話形式で説明する。

> DOWNLOAD ▶ 03 06
>
> A: Hello. What seems to be the problem?
> B: I feel sick to my stomach.
> A: Do you have a fever?
> B: I don't know.
>
> A: こんにちは。どうされましたか？
> B: お腹の調子がよくないんです。
> A: 熱はありますか？
> B: いや、わかりません。

　体温を確認するのはどこの国でも同じだが、アメリカでは温度の単位は摂氏（Centigrade）ではなく、華氏（Fahrenheit）が使われることが多い。華氏にも対応できるようにしておこう。

> DOWNLOAD ▶ 03 07
>
> A: Okay, let's check... Your temperature is 99° F.
> B: I don't know what that is. What is it in Centigrade?
> A: It's about 37.3° C. Average is about 37, so you're

> within the normal range. Have you eaten anything unusual in the last 24 hours?
> B: Not that I can think of.
>
> A: じゃ、測ってみましょう。…99度ありますね。
> B: 99度ってわからないんですが。摂氏何度ですか？
> A: だいたい37度3分くらいです。37度が平均ですから、まあ平熱の範囲ですね。昨日から今日にかけて何か変わったものを食べましたか？
> B: ちょっと思い当たるものはないですね。

診察は次のようなやり取りで終わることが多いだろう。服薬のしかたなど、注意して聞いておこう。

DOWNLOAD ▶ 03_08

> A: Have you been sleeping well?
> B: I think so.
> A: Well, it seems to me like you might have a stomach bug. I'll write you a prescription. If you take the medicine for three days, I think you will be okay.
> B: Thank you.
>
> A: 睡眠はとれてます？
> B: とれてる、と思いますが。
> A: なるほど。おそらく胃腸炎だと思うんですがね。薬を出しましょう。3日飲めば、それで直ると思います。
> B: ありがとうございます。

では、内科的な症状を伝える表現をまとめる。

アウトプットしてみよう！

DOWNLOAD ▶ 03_09

I have... (…があります)
- I have a sore throat.

  (喉が痛いです)
- I have a slight fever. / I have a high fever.

  (少し熱があります／かなり熱があります)

I have an allergy to... / I'm allergic to... (…のアレルギーがあります)
- I have an allergy to pollen.

  (私は花粉アレルギーがあります)
- I'm allergic to oysters.

  (私は牡蠣に対してアレルギーがあります)

  [※ pollen, oysters のほかに、cats（猫）／wheat（小麦）／peanuts（ピーナッツ）／soba（蕎麦）など]

I feel... (…のようです)
- I feel feverish.

  (熱っぽいのですが)
- I feel sick to my stomach.

  (お腹の調子がよくないんです)

My... (私の…が〜)
- My whole body feels dull.

  (全身がだるくて)
- My throat hurts.

  (喉が痛みます)

23

お悔みやお見舞を述べる

相手の家族に不幸があった場合には、お悔やみの言葉を述べる。相手がけがや病気になった時は、お見舞を述べる。これは世界共通のことだろう。

こうした言葉によって、相手はこちらに思いやりの気持ちを感じて、心を開いて話してくれることだろう。

相手の家族が亡くなった時は、次のような言い方をするのが普通だ。

DOWNLOAD ▶ 03_10

A: I'm very sorry to hear about your father's passing. Please accept my condolences.
B: Thank you. I appreciate that very much.

A: お気の毒に、お父様がお亡くなりになられたとお聞きしました。ご愁傷さまです。
B: お悔やみのお言葉、恐れ入ります。

Please accept my condolences.（お悔やみ申し上げます）は、お悔やみの決まり文句で、I know it must be hard.（わかります、おつらいでしょう）とか、I remember how I felt when my father died.（私も父を亡くした時の気持ちをまだ覚えています）などと特に述べる必要はない。**あくまで相手に対する慰めであって、自分のことを話すのは避けるべき**だ。

相手の家族がけがをした、入院したといった時には、次のように声をかける。

23 お悔みやお見舞を述べる

DOWNLOAD ▶ 03 11

A: I heard the news about your husband's accident. I hope he's doing all right.
B: He suffered light injuries, but he will recover before long.
A: I'm relieved to hear that.

A: ご主人が事故に遭われたとお聞きしました。大事でなければよろしいのですが。
B: 軽いけがをしましたけれど、もうすぐ直ります。
A: それはよかった。安心しました。

では、お悔みやお見舞を述べる際に効果的な英語表現をまとめる。

アウトプットしてみよう！

DOWNLOAD ▶ 03 12

I'm very sorry to hear... （お気の毒なことに…とお聞きしました）
▶ I'm very sorry to hear that you lost your mother.
（お気の毒なことに、お母様が亡くなられたとお聞きしました）
▶ I'm very sorry to hear that you broke your leg. I hope you recover soon.
（気の毒に、足を骨折したそうで。早くよくなるといいですね）

I heard... （…とお聞きしました／…したそうですね）
▶ I heard that a typhoon hit your country. I will keep you and your family in my prayers.
（あなたの国が台風の被害に遭われたとお聞きしました。あなたとご家族のご無事をお祈りしております）

23 お悔みやお見舞を述べる

▶ **I heard the news about the earthquake. I hope your family was safe.**
(地震があったと聞きました。ご家族がご無事でありますように)

I'm very sorry to hear about your father's passing.
Please accept my condolences.

Thank you. I appreciate that very much.

24

謝罪する

　謝罪をしたり、また謝罪を受けたりするのは、とても神経を使うやり取りである。どちらの側になっても謝罪の程度に応じて適切な言葉づかいをする必要があるし、必ず言うべきこともある。

　まず、人に対する謝り方には、些細な間違いについてのちょっとしたお詫びから、重大な問題を起こしてしまった時に心から謝罪する場合まで、おおよそ4つの段階がある。場合に応じたていねいさで適切に謝ることはきわめて重要である。また、きちんとした正しいやり方で謝罪をすれば、相手もそれに合わせて適切な対応をせざるをえない。つまり謝罪の効果が現われるのだ（こちらが謝罪したいと思っても相手がそれを頭から拒絶するのであれば、もう和解の見込みはないだろうが）。

　日本語では、「理由の説明」が「言いわけ」とみなされる傾向がある。しかし、**英語ではそのような説明をしないと、きちんと謝罪したことにはならない**。この違いはネイティブスピーカーと仕事や生活をする上で知っておかなければならない非常に重要な点である。

　以下、軽いお詫びから、ていねいな謝罪まで、会話形式で程度にしたがって並べた（丁重に謝罪する場合については、次のセクションを参照）。

　親しい関係であれば、次のような言い方で十分だと思う（第1段階）。

DOWNLOAD ▶ 03 13

A: I'm sorry for keeping you waiting.

B: That's no problem.
A: お待たせして申しわけありません。
B: いやいや。

理由も言えば、相手に理解してもらえるだろう（第2段階）。

DOWNLOAD ▶ 03_14

A: I'm sorry to be so late. There was an accident and the subway was delayed.
B: That's all right. Things like that can't be helped.
A: 遅れて申しわけありません。事故があって地下鉄が遅れまして。
B: ええ、わかりました。それはしかたないですよね。

ていねいにお詫びしたいのであれば、次のような言い方をすればいい（第3段階）。

DOWNLOAD ▶ 03_15

A: Mr. Jackson, I would like to apologize for my thoughtlessness yesterday. It was inconsiderate of me to say what I did. I hope you will forgive me.
B: No problem. I don't mind.
A: ジャクソンさん、昨日馬鹿な振る舞いをいたしましたことをお詫びしたいのですが。あのようなことを申し上げて本当に浅はかでした。どうかお許しを願いたいのですが。
B: 大丈夫です。私は気にしていません。

では、謝罪する際に使うと効果的な表現をまとめる。

アウトプットしてみよう！

DOWNLOAD ▶ 03_16

I'm sorry to... （…して申しわけありません）
- I'm sorry to ask you to do this at the last minute.
（こんなぎりぎりになってからのお願いで申しわけありません）
- I'm sorry to make such a mess on the table.
（テーブルの上をこんなに散らかしてすみません）

I'm (terribly) sorry for... （…で、[まことに] 申しわけございません）
- I'm terribly sorry for my delay in responding to your email.
（メールの返信が遅れまして、まことに申しわけありません）
- I'm terribly sorry for not keeping you updated on the project.
（計画の変更についてそちらにきちんとお知らせせず、本当に申しわけございません）

I'd like to apologize for... （…に対し、お詫び申し上げます）
- I'd like to apologize for my unreasonable request.
（非常識なお願いをいたしましたこと、お詫び申し上げます）
- I'd like to apologize for inconveniencing you yesterday.
（昨日はご迷惑をおかけいたしまして、お詫び申し上げます）

25

丁重に謝罪する

前のセクションにつづいて、本セクションでは特に丁重に謝罪する場合の言い方を取り上げる。

そんな状況にはなるべく陥りたくないが、心から丁重に謝罪しなければならないのであれば、「**4つのステップ**」を踏んで伝えるのが効果的だ。

たとえば、パーティに行って、人で込み合った会場を歩いている時に、手に持っていたグラス一杯のワインをうっかり人のスーツにかけてしまったとしよう。その場合、次のように謝罪の気持ちを伝えるとよい。

DOWNLOAD ▶ 03_17

1. 謝罪の言葉を言う
   I'm very sorry. （まことに申しわけありません）
   ↓
2. どうしてそのようなことになったのか、事情や状況を説明する
   I wasn't looking where I was going. （歩いていて、よく見ていなかったものですから）
   ↓
3. 自分の責任であることを認める
   It's entirely my fault. （すべて私のせいです）
   ↓
4. 償いを申し出る
   Please let me pay to have your suit cleaned. Let

> me give you my contact number, so I can cover the
> expenses.（クリーニング代を払わせてください。私の電話番号をお知らせしますので、ご連絡いただければ費用を払います）

さらに例を挙げる。

たとえば、仕事で待ち合わせの時間を勘違いして顧客を待たせてしまった時は、次のように謝罪の気持ちを伝えるといいだろう。

DOWNLOAD ▶ 03 18

1. 謝罪の言葉を言う
   I apologize for being late.
   （遅れまして申しわけございませんでした）
   ↓
2. どうしてそのようなことになったのか、事情や状況を説明する
   I wrote the correct meeting time in my appointment book, but for some reason I thought we were meeting an hour later. I didn't realize my mistake until I was on my way to meet you.
   （正しい会議の時間をスケジュール帳に書いてはおいたのですが、どういうものか、1時間遅い時間だと思い込んでいました。ここに来る途中で自分の間違いに気づいたようなしだいです）
   ↓
3. 自分の責任であることを認める
   It was very careless of me.
   （私の不注意でした）
   ↓
4. 許しを請う
   I assure you it won't happen again.
   （もう決してこのようなことは起こしませんので［どうかお許しください］）

もし相手が快くこちらの謝罪を受け入れてくれるならば、おそらく、

> DOWNLOAD ▶ 03_19
>
> That's all right. I've done the same myself on occasion. Don't think further about it.
> (よくわかりました。私も時々同じような失敗をします。どうぞもうお忘れください)

などと言ってくれるだろう。こちらもそれに対して、

> DOWNLOAD ▶ 03_20
>
> I sincerely appreciate your understanding.
> (ご容赦いただいて、まことにありがとうございます)

などと感謝の言葉を必ず言おう。

また、もし相手が謝罪を受け入れながらも、怒りが完全にはおさまっていないようならば、

> DOWNLOAD ▶ 03_21
>
> You should be more careful. Be sure that it does not happen again.
> (もっと注意してくださいね。もう二度とこんなことのないようにお願いしますよ)

などと言ってくるかもしれない。しかし、何はともあれこれで謝罪は終了し、あとは会話をつづけるなかで相手との関係を修復できるように努力するしかないだろう。

25 丁重に謝罪する

では、丁重に謝罪する時に使うと効果的な表現をまとめる。

アウトプットしてみよう！

DOWNLOAD▶03_22

I owe you an apology for... （…についてお詫び申し上げます）
- I owe you an apology for not returning your book on time.
  （お借りした本を期限までにお返ししなかったこと、お詫び申し上げます）
- I owe you an apology for keeping you waiting so long.
  （こんなに長くお待たせしたこと、お詫び申し上げます）

Please accept my [our] sincere apology for... （…について心よりお詫び申し上げます）
- Please accept our sincere apology for sending you the wrong items.
  （間違った商品をお送りしましたこと、心よりお詫び申し上げます）
- Please accept my sincere apology for not meeting you at the airport.
  （空港までお出迎えに上がらなかったこと、心よりお詫び申し上げます）
- Please accept my sincere apology for not being able to attend the conference which you made special arrangements for me to participate in.
  （私が参加できるよう格別のお取り計らいをいただいたにもかかわらず、その会議に出席がかないませんでしたこと、衷心よりお詫び申し上げます）

英語で会話をつづけるために ②

漱石没後100年と英語

安藤文人

夏目漱石は留学先のロンドンで英語が通じなかったから神経衰弱になった…というとんでもない間違いをいまだ信じ込んでいたり、また他人に向けて面白そうに話したりする人がいるのには、ほとほと困ったものだ。事実を言えば、漱石の英語は十分相手に「通じる」ものであった。漱石と同じ家に下宿したある日本人によれば、宿の女主人に対して「答える先生（漱石）の英語は、明瞭で正確で、ゆっくりゆっくり歯切れがよいので、聞いていて心持が良かった」という。ネイティブスピーカーではない人間の話し方としてむしろ理想的なものであったことが覗える。ただし、英語が「聞き取れない」ことはあった。日本にいる友人の正岡子規や高浜虚子に書き送った通信では、「日本に居る人は英語なら誰の使ふ英語でも大概似たもんだと思つて居るかも知れないが矢張日本と同じ事で（中略）それはそれは千違万別である。然し教育ある上等社会の言語は大抵通ずるから差支ないが此倫敦のコックネーと称する言語に至つては我輩には到底分からない」と断言（？）している。「コックネー」（Cockney）とはロンドンの東部で主に労働者階級によって使われていた英語（現在では Estuary English というカテゴリーに含まれている）で、漱石は「ペン」という下宿の使用人が猛烈な勢いで話してくる Cockney には閉口したらしいが、それで特に生活や研究に不便を来したわけではない。

漱石が英語に困らなかったのは、もちろんその教育のおかげである。彼自身が後年述べているように、「吾々の学問をした時代は、総ての普通学は皆英語で遣らせられ、地理、歴史、数学、動植物、その他如何なる学科も皆外国語の教科書で学んだが、吾々より少し以前の人に成ると、答案まで英語で書いたものが多い」（談話「語

学養成法」明治 44 年）。今で言うイマージョン教育（すべての科目をターゲットとする外国語で教える教育）にあたるだろうが、これはもちろん西洋由来の学問を教授することのできる日本人教員が育っていなかったためであり、その後人材が整うと高等教育も基本的には日本語によって教授されることになった。そして、当然のこととして、学生の語学力は短期間で著しく低下する。再び漱石に言わせれば「その結果が漸く現はれて、誰も彼も語学の出来ぬことを自覚し始めると、今更のやうに苦情が出て、色々な心配をする、色々な調査をする。或は教へ方が悪いのだとか、或は時間が足らぬのだとか云ひ出すのは可笑しな事である」（「語学養成法」）。

　さて、漱石が没してからそろそろ 100 年になる。漱石の時代は英語ができなければ西洋の学問を学ぶことはできなかったが、今では一通りのことは日本語で学ぶことができる。あるいは英語を「読む」ことができれば最新の学術成果を受容することもできる。しかし、100 年を経て、私たちが今、痛切に感じているのは、自らの思考の結果を母語の異なる他者に対して発信し、理解してもらう必要性であり、またそのような相互理解を前提とした世界が目の前に立ち現われているという動かしがたい事実である。英語によるアウトプット能力が、その世界に参入するための必需品であることは言うまでもない。そしてアウトプット能力を高めるためにもっとも必要なことはアウトプットを試みることそのもの、英語を実際に使ってみることそれ自体である。

　自分は少しも話そうとはしないのに、他人の話す英語の文法的なミスをあげつらう人がいる（一部の英語教師も含めて！）。漱石も英語が通じなくて神経衰弱になった、などと冷笑しては喜ぶのと同類である。あるいは、サッカー場のスタンドで選手のトラップミスを責める「通」な観客のようなものだ。でも、彼らはもう放っておきましょう。私たちはピッチに立ち、ミスを重ねながらでも、ゲームを通じてうまくなっていこうではありませんか。私たちはプレイヤーなのです！

26

ちょっと面倒な頼みごとを する［される］

　できれば人に頼みごとなどせずにすませたい…という気持ちは、誰にでもあるだろう。日本語でも英語でも、そんな気持ちが働くのか、**頼みごとについては、するほうもされるほうも、相手の気持ちに対する配慮をにじませた婉曲な表現が用いられる**のが普通だ。そんな配慮もなく、いきなり I want you to write a recommendation letter.（私はあなたに推薦状を書いてほしいのです）などと言われると、なんとかほかの先生に押し付けられないかなぁ、などと考えてしまう。

　では、明らかに相手の負担となるような頼みごとをする時に、英語ではどのようなアウトプット表現が用いられるのだろうか？　いくつか見てみよう。

DOWNLOAD ▶ 03_23

I'd like to ask a big favor.
（ちょっと面倒なお願いごとがあるのですが）

Could I ask a big favor of you?
（折り入って頼みたいことがあるのですが）

Would you do me a great favor?
（ちょっと折り入ってお願いしたいことがあるのですが）

It would be a great help.
（そうしていただければ本当に助かるのですが）

26 ちょっと面倒な頼みごとをする［される］

> **I would really appreciate it.**
> (お願いできれば本当にありがたいのですが)

ほかにも、I hate to trouble you, but could [would] you possibly...?（ご迷惑とは思うのですが、もしよろしければ…していただくことはできませんでしょうか？）や、I hesitate to ask you to do this, but could [would] you...?（こんなことお願いしてよいものかとも思うのですが、…していただけませんでしょうか？）, It would be helpful if you could...?（もし…してくだされば、助かるのですが）といった言い方もする。

このような言い方で頼まれれば、たとえ自分の仕事が増えたとしても次のように答えたくなる。

DOWNLOAD ▶ 03 24

> **I'll be very happy to do that.**
> (喜んでいたしましょう)
>
> **Don't think twice about it.**
> (そんな、遠慮することないですよ)
>
> **It's no trouble at all.**
> (全然かまわないですよ)
>
> **You regularly help me out, so it's the least I can do.**
> (いつもこちらが助けてもらっているじゃないですか。お安いごようです)

実際の会話例で確認してみよう。

26 ちょっと面倒な頼みごとをする [される]

DOWNLOAD ▶ 03 25

A: I don't know what this passage means. Would you please translate it for me?
B: I'll be very happy to do that.
A: I'm sorry to trouble you when you are so busy.
B: It's no trouble at all.

A: この文章、意味がわからないのですが、訳していただけませんか？
B: ええ、喜んで。
A: お忙しいところ面倒なことをお願いして申しわけありません。
B: いやいや、全然かまわないですよ。

DOWNLOAD ▶ 03 26

A: Could I ask a big favor of you?
B: Sure. What is it?
A: Could you take me to the train station on Sunday morning? It would be a great help.
B: I'll be glad to.
A: I really appreciate it.
B: Don't think twice about it.

A: ちょっと面倒なことをお願いしたいのですが。
B: ええ、どんなことでしょうか？
A: 今度の日曜日の朝なんですが、私を駅まで連れていってくれませんか？　そうしてくださるととても助かるのですが。
B: ええ、いいですよ。
A: 本当にありがとうございます。
B: そんなこと、どうぞ遠慮しないでおっしゃってください。
[※ do not think twice about... で、「躊躇なく…する」]

　もちろん、依頼に応じることができないこともあるし、やや慎重にならざるをえないこともある。そのような場合は、次のようなアウトプット表現が用いられる。

26 ちょっと面倒な頼みごとをする [される]

> DOWNLOAD ▶ 03_27

It all depends.
(お話次第です)

It all depends on what you want me to do.
(どんなことをすればよいのでしょうか。それによります)

依頼をする側としては、相手が引き受けてくれるとわかった場合は、次のように感謝の気持ちを示すのが礼儀だ。

> DOWNLOAD ▶ 03_28

That would be great! Thank you!
(いやあ、よかった！ ありがとうございます！)

I really appreciate it.
(本当にありがとうございます)

それに対して、依頼を断られた場合は、こちらが依頼をしたせいで(それに応じられない)相手に負担を感じさせてしまった(かもしれない)点について配慮する必要がある。

> DOWNLOAD ▶ 03_29

That's okay if you can't do it.
(いえ、ご無理なら結構ですよ)

I realized it would be imposing on you.
(無理なお願いになることは承知しておりましたので)

では、ちょっと面倒な頼みごとをする［される］時に役立つアウトプット表現をまとめる。

アウトプットしてみよう！

DOWNLOAD ▶ 03 30

Could you...? （…していただけますか？）
▶ Could you read through this report when you have the time?
（お時間がある時にこのレポートをご覧いただけますか？）

I'll be happy to... （喜んで…します）
▶ I'll be very happy to help you.
（喜んでお手伝いします）

It all depends on... （…によります）
▶ It all depends on how much I get paid.
（どれくらいお金がいただけるかによります）

I realized... （…は承知しておりました）
▶ I realized you are very busy.
（大変お忙しいことは重々承知しておりました）

27 デリケートな問題を尋ねる［尋ねられる］

自分にとっては何でもないような質問でも、相手にはプライバシーを侵害しているように聞こえてしまうことがある。たとえば、「結婚していますか？」「彼女／彼氏はいるの？」「お子さんはいるのですか？」「ゲイですか？」などと面と向かっていきなり尋ねてはいけない。うかつに尋ねると、以下にあるような答えが返ってくるので、注意しよう。

DOWNLOAD ▶ 03 31

I don't care to respond to that. It's inappropriate for you to ask [say] that.
（お答えしたくないのですが。そういうことを聞く［言う］のはちょっとまずいんじゃないですかね）

That's none of your business!
（いや、どうでもいいでしょ！）

Married? Yes, dozens of times. Why? Are you going to propose?
（〈辛辣な調子で〉結婚してるかですって？ うん、何十回としたけれど、それが？［なんでそんなこと聞くんですか？］え、ひょっとして私にプロポーズでもするつもり？）

政治や宗教に関しても同様である。

27 デリケートな問題を尋ねる〔尋ねられる〕

■ 政治について

DOWNLOAD ▶ 03_32

Why do you ask?
(どうしてそんなことをお尋ねになるんですか？)

Before I answer, what is your reason for asking?
(いや、まずどうしてそんなことをお尋ねになるのか教えてください)

■ 宗教について

DOWNLOAD ▶ 03_33

My religion is a personal issue and I'd rather not discuss it.
(宗教は個人の内面の問題ですから、お話ししたくないのですが)

I'd rather not go into that.
(そのような話はしたくないのですが)

この微妙なトピックに関する会話例を挙げよう。

DOWNLOAD ▶ 03_34

A: Do you support military action in the Mid East?
B: Why do you ask?
A: I just wondered what you thought.
B: It's impossible to give a simple answer to a broad question like that.

A: 中東での軍事行動を支持しますか？

B: どうしてそんなことをお聞きになるのですか？
A: いや、ただどうお考えかと思って。
B: ちょっと問題が大きすぎて、簡単には答えられませんね。

DOWNLOAD ▶ 03 35

A: Are you in favor of nuclear power?
B: That's a very complex issue, so it is hard to say.
A: 原発に賛成ですか？
B: とても複雑な問題ですからね。むずかしいです。

　では、では、デリケートな問題を尋ねる［尋ねられる］時に使えるアウトプット表現をまとめる。

アウトプットしてみよう！

DOWNLOAD ▶ 03 36

Why do you ask...? （なぜ…をお尋ねになるのですか？）
▶ You want to know whether I have divorced or not? Why do you ask that?
（私が離婚しているかどうかですって？　なぜそんなことをお知りになりたいのですか？）

I'd rather not... （…したくないのですが）
▶ Why are you interested in my academic background? Frankly, I'd rather not go into that.
（私の学歴にどうして興味をお持ちなんですか？正直言って、あまり話したくはないのですが）

It's inappropriate for you to... （…するのはあまりよくないです）

27 デリケートな問題を尋ねる〔尋ねられる〕

▶ **It's inappropriate for you to ask about my financial situation.**
（私の経済状況を尋ねるのはあまりよろしくないのではないでしょうか）

Why are you interested in my academic background?

Frankly, I'd rather not go into that.

28

立食パーティなどで会話を切り上げる

　立食パーティの目的は、参加者がおたがいに交り合ってできるだけ多くの人と知り合うことである。したがって、同じ人とばかりずっと話しているのは好ましくない。そこで大切になるのが、どうやって失礼のないように会話から「撤退する」か、つまりほかの人と話をするためにどうやって会話を終わらせるか、ということである。

　これには2つの方法がある。1つには、もし食べ物か飲み物が出ているならば、Nice talking with you.（お話できてよかったです）と言って話を終わらせることができる。

> DOWNLOAD ▶ 03 37
>
> **If you'll excuse me, I think I'll get something more to eat [I'll get another drink]. Nice talking with you.**
> (ごめんなさい、私、もう少し食べるものを取ってきます［飲み物のおかわりをしにいきます］。お話できてよかったです)
> ［※普通は if 節や when 節の中では will を使わないが、ここでは If you'll excuse me... と言うことで、「丁寧さ」を表現できる］

　これは失礼でもなんでもない。相手も別の人と話すことができるからだ。

　このように食べ物や飲み物を理由にできない場合は、次のように言って話を終わらせる方法がある。

> DOWNLOAD ▶ 03_38

It was a pleasure to meet you. I hope you enjoy the party.
(お話できて楽しかったです。どうぞごゆっくり)

もし相手の名前を覚えていたら、

> DOWNLOAD ▶ 03_39

It was a pleasure to meet you, Henry.
(ヘンリーさん、お会いできてうれしかったです)

などと言えばよい。ただし Good-bye.(さようなら)とは言わないように。おたがいまだ同じ会場にいるのだし、その相手とはもう会うつもりがないようにも聞こえてしまうからだ。

あるいは、たとえば相手と野球の話をした場合は、相手のひいきのチーム名を出して、

> DOWNLOAD ▶ 03_40

By the way, good luck to the Giants this season!
(じゃ、今シーズンのジャイアンツの活躍をお祈りします)

などと言ってみるのも一つの手だ。別れ際にこう言われて、相手も、「ああ、自分の話をちゃんと聞いていてくれたんだ」と悪い気はしないだろうし、スマートに会話を終わらせることができる。

では、実際の会話例を2つ見てみよう。

28 立食パーティなどで会話を切り上げる

DOWNLOAD ▶ 03 41

A: I'm glad we had this chance to talk. It's nice to meet other people who enjoy the same sport. Well, if you'll excuse me, I think I'll get another bite to eat.
B: It was great meeting you too, Chris. I hope we run into each other again sometime.
A: Me, too.

A: お話できてよかったです。同じスポーツをやっている人と話すのは楽しいものですね。ええっと、じゃ、ちょっと失礼してもう少し食べるものを取ってきます。
B: クリスさん、お会いできてよかったです。またいつかお会いできることを願っています。
A: こちらこそ楽しみにしています。

DOWNLOAD ▶ 03 42

A: It's about time for me to head home. It's been a pleasure to meet you.
B: The pleasure was mine, Jessica.
A: I hope you enjoy the rest of the evening.
B: Thanks, I'm sure I will. Take care now.

A: あ、そろそろ帰らなくちゃ。お話、楽しかったです。
B: こちらこそ、ジェシカさん。
A: どうぞゆっくり楽しんでいってください。
B: ありがとうございます。そうしますよ。じゃ、どうぞお気をつけて。

　以下、立食パーティなどで話を切り上げる際に効果的なアウトプット表現をまとめた。

アウトプットしてみよう！

DOWNLOAD ▶ 03 43

I'll get... （…を取ってきます）
- I hope you'll excuse me. I think I'll get another glass of wine.

（ちょっと失礼します。ワインのおかわりをしてきます）

Nice talking with you. （お話できて、楽しかったです）
- If you don't mind, I'd like to meet that gentleman over there. It was nice talking with you.

（申しわけありません。ちょっと向こうにいるあの人に挨拶しておきたいんです。お話、楽しかったです）

It was a pleasure to meet you. （お会いできて楽かったです）
- It was a pleasure to meet you. I hope our paths cross again soon.

（お会いできて楽しかったです。またどこかでお会いできるといいですね）

If you'll excuse me, I think... （このあたりで失礼させていただきます。というのは…）
- If you'll excuse me, I think I'd better prepare for my presentation.

（このあたりで失礼させていただきます。プレゼンの準備をしないといけないので）

It's about time for me... （私はそろそろ…）
- It's about time for me to get back to the office.

（そろそろ社に戻らないといけません）

Good luck to... （…［の成功］をお祈りしています）
- Good luck to you on your project!

（プロジェクトが成功しますように！）

29

道を尋ねる［教える］

　日本であれ外国であれ、また仕事中であれ休暇中であれ、もっとも一般的な「アウトプット」の機会の1つは、道を尋ねる［教える］場合である。外国を旅行すれば、地元の人に道を尋ねて教えてもらうことがあるだろうし、日本にいる場合は、外国からの旅行者にホテルやレストラン、また観光名所などへの行き方を教えてあげる機会があるはずだ。

　道を尋ねる場合でも教える場合でも、うまく言葉を交わして目的を達成することができれば、とても気持ちいいものである。そのためにも、基本的なアウトプット表現を身につけよう。

　まず人に道を尋ねる場合は、

> **DOWNLOAD ▶ 03 44**
>
> Excuse me. Can you help me? I'm looking for an ATM.
> (すみません。よろしいですか？　ATMを探しているんですが)

などと言う。

　また、道がわからなくて困っている人がいたら、

> **DOWNLOAD ▶ 03 45**
>
> Excuse me. Do you need help finding something?
> (あのう、どこかお探しですか？)

などと声をかけて助けてあげればよい。

外国で人に道を尋ねる場合、覚えておきたいのは、「**聞いた相手」が必ずしも地元の人ではなく、助けてもらえるとは限らない**ということだ。そのような場合相手は、

> DOWNLOAD ▶ 03 46
>
> I'm sorry. I'm a stranger here myself.
> (すみません。私もこのあたりは不案内なんですよ)

などと答えるだろう。自分が道を尋ねられた場合も、わからなければこのように正直に答えればよい。決して無理はしないことだ。

道を尋ねられて、その場所を知っていれば、次のような表現を用いて説明できる。

> go straight（まっすぐ行く）/ turn right（右に曲がる）/ turn left（左に曲がる）/ go about ... meters（…メートルくらい行く）/ at the corner（角のところで）/ at the traffic signal（信号のところで）/ at the big intersection（大きな交差点で）/ across the street（通りの向こう側に）/ on the opposite side of the street（通りの反対側に）/ on the left（左側に）/ on the right（右側に）

最低でもこれくらい知っていれば、道を教えることも、また道を教えられて理解することもできるはずだ。なにも文法的に完璧な文を作る必要はない。実際、短く伝えたほうがよくわかってもらえるだろう。

具体例で練習してみよう。次ページの地図を見て、A 地点（現在地）から B 地点（目的地）までの道のりをどのように教えたらいいか、考えてみよう。何回曲がればいいだろうか？　信号や交差点はいくつあ

29 道を尋ねる［教える］

るだろうか？ 左側だろうか、右側だろうか？ 目的地まで何メートルくらいあるだろうか？

ひと通り頭の中で考えたら、以下の道案内例と比較してみてほしい。

DOWNLOAD ▶ 03 47

Go down this street to the second traffic signal. Turn right. Go to the second big intersection and turn left. Go about 50 meters. You will see the JAL Hotel. The place you are looking for is across the street from the hotel.

（この道を行って2番目の信号を右に曲がってください。そこから2番目の大きな交差点で左に曲がります。50メートルくらい行くとJALホテルが見えてきます。お探しの場所はそのホテルのある通りを挟んだ向かい側です）

このように、英語で道案内するには決まった言い方がある。いくつか例を挙げよう。

DOWNLOAD ▶ 03 48

turn right [left] （右［左］に曲がる）
▸ Go down this street to the corner and turn right.
（この道を角のところまで行って、右に曲がってください）

go about...meters （…メートルくらい行く）
▸ After you turn right, go about 50 meters.
（右に曲がったら 50 メートルくらい行きます）

at the corner [traffic signal, big intersection, etc.]
（角［信号／大きな交差点］のところで）
▸ At the corner, you will see the Mitsumori Department Store.
（角のところに三森デパートがあります）

across the street （通りの向こう側に）
▸ Across the street is an ATM.
（通りの向こうに ATM があります）

on the opposite side of the street （通りの反対側に）
▸ On the opposite side of the street is the Apple Store.
（通りの反対側にアップルストアがあります）

on the left [right] （左［右］側に）
▸ On the left is a place to buy theater tickets.
（左側に劇場のチケット売り場があります）

実際の会話例を 2 つ挙げる。

29 道を尋ねる［教える］

DOWNLOAD ▶ 03 49

A: Excuse me. Could you tell me where the Empire State Building is?
B: Sure. You walk right down this street about 500 meters and it's on the left.
A: Thank you very much.
B: You're welcome. I hope you enjoy it.

A: すみません、エンパイアステートビルはどこか教えていただけませんか？
B: いいですよ。この通りをずっと500メートルくらい歩くと左側にあります。
A: どうもありがとうございます。
B: いやいや。どうぞ楽しんできてください。

DOWNLOAD ▶ 03 50

A: Excuse me. Can I help you find something?
B: Yes, we are looking for Yurakucho Station.
A: Do you see that traffic signal?
B: Yes.
A: Turn right there and walk straight about 300 meters. It will be right in front of you.
B: Turn right, go about 300 meters, and it's ahead of us?
A: That's correct. You can't miss it.

A: あのう、どこかお探しですか？
B: そうなんですよ。有楽町駅を探しているんです。
A: あの信号、見えますか？
B: 見えます。
A: あそこを右に曲がって300メートルくらいまっすぐ歩けば真正面に見えますよ。
B: 右折して300メートルくらい歩いた正面ですね？
A: そのとおりです。すぐわかりますよ。

では、道を尋ねる［教える］際に効果的な表現を以下にまとめる。

アウトプットしてみよう！

DOWNLOAD ▶ 03 51

Could you tell me...? (…を教えていただけませんでしょうか？)
▶ Could you tell me where Carnegie Hall is?
(カーネギーホールはどこにあるか教えていただけませんでしょうか？)

Can I help you...? (…をお手伝いしましょうか？)
▶ Can I help you carry your suitcase?
(スーツケース、お運びしましょうか？)

I hope you enjoy... (…を楽しんできてください)
▶ I hope you enjoy the concert tonight.
(今晩のコンサート、どうぞ楽しんできてください)
▶ I hope you enjoy your vacation in Milano.
(ミラノでの休暇、どうぞ楽しんできてね)

be **looking for...** (…を探しています)
▶ What are you looking for?
(何をお探しですか？)
▶ I'm looking for a place to stay tonight.
(今晩泊まるところを探しているんです)

30

店で服を買う

　日本のデパートや店には販売やレジ担当の店員が実に大勢いる。外国人旅行者などは、大きなデパートに開店と同時に入って、店員がどこの売り場でも、またエレベーターの前でも、最初の客を迎えるために一列に並んで待っているのを見ると、驚いてしまうようだ。少なくともアメリカではこんなことはない。

　アメリカでは、店によっては入り口に「グリーター」(greeter)と呼ばれる専門の店員がいて、やってくる客に挨拶をし、尋ねれば買いたい商品の売り場を教えてくれる。また、販売員が Can I help you find something?（何かお探しですか？）と必ず聞いてくる店もある。その場合は、特に決めていなければ I'm just looking, thank you.（いえ、ただ見ているだけです）などと答えればよい。すると店員は、Well, if you need some help, please let me know.（では、何かございましたらおっしゃってください）と言うので、Thank you.（どうも）と答えればいいだろう。

　日本では、客は店員から話しかけられても答えなくてもいいようだが、日本以外の国では、**たとえ一言二言であっても、店員から話しかけられたらきちんと応答する必要がある**。この点は注意しよう。

　では、店で服を買う時の表現を状況別に紹介する。

　まず、「買いたいものがある」場合は、次のように尋ねるといいだろう。

> **DOWNLOAD ▶ 03 52**
>
> **Where could I find spring jackets?**
> (春物の上着はどこにありますか？)

買いたいシャツがあるが、棚や台に出ているシャツの色がどうも気に入らない場合は、

> **DOWNLOAD ▶ 03 53**
>
> **Do you have this shirt in other colors?**
> (このシャツなんですが、ほかの色はありますか？)

と言えばよい。

外国で服を買う場合は、サイズ表示の仕方がまちまちであることにとまどうことがある。日本では S, M, L, XL などという表示がもっぱら用いられているが、アメリカでは同じ S でも日本の S とは大きさが異なるので注意が必要だ。

ジーンズの場合は、"34-32" のようにウエストサイズと股下の長さをそれぞれインチで示し、たとえば I take a 34-32 [34 waist and 32 inseam]. (ウエストが 34 インチで股下が 32 インチ [のジーンズ] を買います) などと言い表わす。また、シャツは通常襟回りと袖丈を "16 and a half, 34" のようにインチで示し、I usually take a 16-34 [16 neck and 34 sleeve]. (ふつう襟回りが 16 インチで袖丈が 34 インチ [のシャツ] を買います) などと言う。

このようなサイズ表示に慣れておけば、自分の正確なサイズを店員にすぐ伝えることができる。また、わからなくても、次のような言い方でサイズを測ってもらえばいい。

30 店で服を買う

> **DOWNLOAD ▶ 03_54**
>
> I'm not sure what size I take. Could you measure me?
> (サイズがわからないんですが、測っていただけませんか?)

また、生地の素材を知りたければ、次のように尋ねれば教えてもらえるだろう。

> **DOWNLOAD ▶ 03_55**
>
> What kind of material is this made of?
> (これ、生地は何ですか?)

こうした表現を使った実際の会話例を2つ挙げる。

> **DOWNLOAD ▶ 03_56**
>
> A (clerk): What size do you take?
> B (customer): I'm not sure. Could you measure me?
> A: Sure. It looks like you would take a 15-31.
> B: Could I try this on?
> A: Of course, the dressing rooms are this way.
> B: Thank you.
>
> A: (店員) サイズはおいくつくらいでしょうか?
> B: (客) いや、知らないんですよ。測っていただけますか?
> A: かしこまりました。15 − 31 くらいですね。
> B: 試着してもいいですか?
> A: もちろんです。試着室はこちらです。
> B: ありがとうございます。

30 店で服を買う

DOWNLOAD ▶ 03 57

A (customer): This seems a little tight in the shoulder.
B (clerk): Yes, I think one size larger would be better for you. Let me bring two larger sizes for you. Do you prefer the 100% cotton or the wool and cotton fabric?
A: The cotton, please.
B: Okay, I'll be right back.
A: Thank you. <clerk brings another size> Yes, this one fits better. I'd like this one, please.
B: Will that be cash or charge?
A: Credit card, please.

A:（客）肩のところがちょっときついですね。
B:（店員）そうですね。もうひとサイズ大きいほうがよさそうですね。大きいサイズのものを2つ持ってきます。生地は木綿100%とウール混のどちらがよろしいですか？
A: 木綿がいいです。
B: かしこまりました。すぐにお持ちします。
A: ありがとうございます。〈店員が別のサイズのものを持ってくる〉 ええ、こっちのほうがぴったりしますね。こちらをいただきます。
B: お支払いはいかがなさいますか？
A: カードでお願いします。

ちなみに、クレジットカードの「分割払い」はアメリカではほとんど見られない。

では、本セクションに出てきた覚えておきたい表現をまとめる。

アウトプットしてみよう！

DOWNLOAD ▶ 03 58

What size(s)...? （サイズはいくつですか？）
▶ What size do you think I take?
（私のサイズはいくつぐらいでしょうか？）
▶ What sizes do you have?
（サイズはおいくつくらいですか？）

Could I...? （…できますか？）
▶ Could I try these on?
（試着できますか？）
▶ Could I see some other colors?
（ほかの色も見せていただけますか？）

Let me... （…させてください）
▶ Let me try on another type of jacket.
（別のタイプの上着も試着させてください）
▶ Let me think about it.
（ちょっと考えさせてください）

Will that be...? （それは…ということになりますか？）
▶ Will that be all?
（ほかにお買いものはよろしいですか？）
▶ Will that be cash or charge?
（お支払いはどうなさいますか［現金ですか、カードにしますか］？）

be **made of...** （素材は…です）
▶ What is this made of?
（素材は何ですか？）
▶ Is this made of cotton?
（この生地は木綿ですか？）

31

美容室や理髪店で話す

　数日間、あるいは２，３週間の旅行ならばその必要はないが、１カ月以上海外に滞在するとなると、現地で美容室や理髪店に行くこともあるだろう。

　しかし、一度経験してみればわかることだが、「髪をどのようにしてほしいのか」を英語で説明するのは、意外とむずかしい。基本的な指示は簡単な表現で言えるので、あらかじめ覚えておくとよい。

　店に入って、まず、担当するヘアスタイリストや理容師に伝えておくとよいのは、**前回美容院や理髪店に行ったのはいつか（どのくらい前か）**という点だ。特に男性の場合は重要である。髪の伸び具合は個人差があるが、It's been two months since my last haircut.（前に切ってから２カ月くらい経ちます）などと伝えれば、理容師のほうもどのくらい切ればいいかおおよその目安をつけることができる。また、もし今とはまったく異なるヘアスタイルにしたいのであれば、希望するヘアスタイルの写真を持っていって、それを見せるのもいいだろう。ただし、それとまったく同じにしてくれると期待してはいけない。

　非常によくある間違いは、「店で髪を切る［切った］」という意味で、I cut my hair. と言ってしまうことだ。この場合、I have my hair cut. あるいは I had my hair cut. と言わなければならない。美容室や理髪店では、自分ではなく「誰かに髪を切ってもらう」（have someone cut my hair）のだ。使役動詞 have を使うのがいい。I cut my hair. と言うと、相手はあなたが片手にハサミを持ち、鏡を見ながら自分でじょきじょきと髪を切っている姿をまず想像する。致命的な間違いではないが、少なくとも奇妙に聞こえてしまうのは確かだ。

31 美容室や理髪店で話す

では、美容室や理髪店でよく使われるアウトプット表現を以下にまとめる。

DOWNLOAD ▶ 03 59

trim（髪を切りそろえる、調髪する）
- Can you trim my hair just a little on the sides and back?
 （横とうしろを少しそろえてもらえますか？）
- Please just trim the sides a little.
 （少しだけもみあげを切りそろえてください）
- Could you trim the back above the collar?
 （うしろは髪が襟にかからない程度まで切っていただけますか？）
- I only want a trim.
 （そろえる程度にカットをしてくれればいいです）

cut（髪を切る）
- It's winter, so please don't cut the top too short.
 （冬ですので、あまり上のほうを切りすぎないようにしてください）
- Can you cut about 3 inches off the length?
 （3インチぐらい切ってもらえますか？）

cut it short on the sides（もみあげを短くする）
- It's fine to cut it short on the sides.
 （もみあげは短く切ってもらったほうがいいですね）

leave it long on top（頭の上のほうを長いまま残しておく）
- I'd like to leave it long on top.
 （上のほうは伸ばしたままにしておいてください）

color [dye]（髪をカラーリングする、染める）
- I'd like to color my hair today. Can you do that for me?

（今日はカラーリングしたいです。お願いできますか？）
- Can you color my hair a little brownish?
  （ちょっと茶色に染めてもらえますか？）
- I dye my hair to hide the gray.
  （白髪を染めています）
- I have my hair dyed about once a month.
  （月に1度くらいは髪を染めています）

perm（パーマ、パーマをかける）
- I'm here for a perm.
  （パーマをかけたいです）
- I'd like to have my hair permed straight. / I'd like to straighten my hair.
  （ストレートパーマをかけたいです）

curl（カールする）
- I'd like to curl the ends of my hair.
  （毛先をカールしてもらえますか？）
- Would you curl my hair so that it's wavy?
  （髪をカールしてウェーブがかかったようにしてもらえますか？）

layer（レイヤーを入れる）
- I'd like my hair layered.
  （レイヤー［段］を入れたいです）

have a shave（顔を剃る）
- I'd like to have a shave, too.
  （顔も剃ってください）

　では、こうした表現を使って、実際にどんな会話がなされるか、見てみよう。「女性の場合」と「男性の場合」に分けて例を示す。

■ 女性の場合

DOWNLOAD ▶ 03 60

A: How would you like me to fix your hair today?
B: I'd like you to trim my hair in the back so that it's even, and perm my hair.
A: Would you like small curls or just waves?
B: I think I'd like to have it wavy for a change.

A: 今日はどんなふうになさいますか？
B: うしろのほうがまっすぐになるように切りそろえて、それからパーマをかけてください。
A: ちょっとカールがかかったほうがいいですか、それともウェーブになるくらいでいいですか？
B: いつもと違ってウェーブがかかるくらいにしてほしいんですが。

■ 女性の場合

DOWNLOAD ▶ 03 61

A: Are you in for a trim or a perm?
B: I'd like to have my hair curled.
A: How about coloring?
B: Could you color my hair dark brown?

A: 切りますか、それともパーマをかけますか？
B: カールしてもらえますか？
A: カラーはいかがしましょう？
B: ダークブラウンにしていただけますか？

■ 男性の場合

DOWNLOAD ▶ 03_62

A: How much would you like me to trim?
B: It's been two months since my last haircut. It's winter, so please just trim a little off the top and the sides.
A: How about the back?
B: Just above the collar is fine.

A: どのくらい切りますか？
B: 前に切ってもらってから2カ月くらいになるんですが、冬なので頭のてっぺんから横にかけてはほんの少しだけ切ってください。
A: うしろはどうしますか？
B: 襟にかからないくらいがいいですね。

■ 男性の場合

DOWNLOAD ▶ 03_63

A: The weather is getting colder, so leave it long on top.
B: Do you want me to leave your sideburns medium short?
A: Yes, please.

A: 寒くなってきたので、てっぺんを長く残しておいてください。
B: もみあげはちょっと短めでよいですか？
A: はい、そうしてください。

では、本セクションに出てきた美容室や理髪店で役立つ表現を、「女性向け」と「男性向け」に分けてまとめる。

31 美容室や理髪店で話す

アウトプットしてみよう！

■ 女性向け

DOWNLOAD ▶ 03_64

have *one's* hair [bangs] trimmed （髪［前髪］を切ってもらう）
▶ I'd like to have my hair trimmed just a little bit.
（ちょっと髪を切っていただきたいのですが）
▶ I'd like to have my bangs trimmed about one inch.
（前髪を1インチ［約2.5センチ］くらい切りそろえてください）

fix *one's* hair （髪を整える）
▶ I'm going to a party and I'd like you to fix my hair.
（パーティに行くので、ヘアスタイルを整えてほしいのですが）

curl [have *one's* hair curled] （髪をカールする）
▶ I'd like a perm so that my hair is slightly curled.
（軽くカールする感じでパーマをかけていただけますか？）

color [dye] （髪をカラーリングする、染める）
▶ I'd like to color my hair red.
（赤にカラーリングしてください）

■ 男性向け

DOWNLOAD ▶ 03_65

trim the sides （もみあげをそろえる）
▶ Please just trim the sides a little.
（少しだけもみあげを切りそろえてください）

cut *it* too short （髪を短く切りすぎる）
▶ It's winter, so please don't cut the top too short.

(冬ですので、あまり上のほうを切りすぎないようにしてください)

cut ... inch(es) off the length (…インチ切る)
▶ Please cut about three inches off the length.
(3インチぐらい切ってください)

trim *it* above the collar (髪が襟にかからないように切る)
▶ Could you trim the back above the collar?
(うしろは髪が襟にかからない程度まで切っていただけますか?)

> How would you like me to fix your hair today?

> I'd like you to trim my hair in the back so that it's even, and perm my hair.

就職の面接で質問に答える

　転職に限らず、大学を卒業して就職する際にも英語面接が行なわれる可能性が、いまや現実のものとなってきた。すでに通常の面接の中に一部英語面接が取り入れられている例もあるようだ。面接会場に入って、お辞儀をして顔を上げたら、面接担当者のひとりに外国人がいて…という事態に備えるためにも、就職面接で一般的にどのような質問がなされ、またそれに対してどのような答え方があるか、知っておくことは重要だろう。

　もちろん、就職面接での質問内容は一様ではなく、いくら準備しても想定外の質問をされることは多い。また、あまりありきたりな答え方をすると相手の印象に残らない、という問題もある。以下、いくつか状況を想定して、質問と回答例を挙げる。これらを参考にして、使用されている語彙や表現を学びながら、「自分だったらこう答えてみよう」という仮想回答を作成していただきたい。

■ 性格について

DOWNLOAD ▶ 03 66

Q: What are your strengths and weaknesses?
A: My strength is a refusal to give up when I encounter frustrating situations. I can usually stay calm, try to figure out what the problem is and then work toward a solution. My weakness is that sometimes I jump into an interesting project and only later

discover that I am in over my head. My enthusiasm sometimes gets me into trouble that way.

Q: あなたの長所と短所を教えてください。
A: 私の長所は困難な状況にあっても決してあきらめないところです。たいていの場合は冷静に何が問題か探ろうとし、それから解決に取り組みます。短所としては、時々面白そうなことがあるとすぐ飛びついてしまい、あとになって手に負えなくなってしまうことがあります。熱中しやすいものですから、そんなふうに困ってしまうことが時々あるんです。

■ 性格について

DOWNLOAD ▶ 03_67

Q: How would your friends describe you?
A: My friends would say I'm serious about my work and able to concentrate on a task. But they would also say I'm a person who likes new experiences.

Q: 友だちはあなたのことをなんて言っていますか？
A: 友だちからは、私はまじめに仕事をし、集中して取り組むことができるとよく言われます。でも新しいことをするのが好きな人間だとも言われますね。

また、特に転職する際の面接などでは、「仕事の進め方」について尋ねられることもあるだろう。

■ 仕事の進め方について

DOWNLOAD ▶ 03_68

Q: Do you like to work on one thing at a time or on multiple tasks?
A: I'm the kind of person who enjoys working on

several projects at the same time. The change of pace is stimulating to me, so if I go back and forth between tasks, I get more done.

Q: 1つの仕事に専念するのが好きですか、それとも複数の仕事を同時にやるほうがいいですか？

A: 私はいくつかの仕事を同時にやるほうが好きなタイプです。仕事にメリハリができて面白いですし、あれをやってはこれをやり、という具合に取り組んだほうが余計に仕事がはかどります。

■ 仕事の進め方について

DOWNLOAD ▶ 03_69

Q: Do you like to lead people, be led or work independently?

A: I am fine working independently, but I also enjoy working in a group. I'm comfortable being a leader or cooperating with someone who takes a leadership role.

Q: あなたはリーダーになるほうが好きですか、リーダーのもとで働くのが好きですか、それとも1人で働くほうがいいですか？

A: 私は1人で仕事をするのがいいですね。でもグループで働くのも好きです。リーダーになるのもいいですし、誰かリーダーになってくれる人に協力するのもいいです。

■ 仕事の進め方について

DOWNLOAD ▶ 03_70

Q: How do you keep deadlines?

A: I break down tasks into several units and estimate

how long each one will take. Then I start the job early and try to finish several hours or days before the deadline, in case something suddenly comes up.

Q: 締切りを守るためにどんなことをしていますか？
A: まずするべき仕事をいくつか小さなまとまりに分け、その1つひとつにどのくらい時間がかかるかを考えます。それから早めに仕事に取り掛かり、何か突発的なことが起きる場合に備えて、締切りの数時間前、場合によっては何日か前に仕事を終えるようにしています。

担当者が興味を持ってくれれば、次のようなことも尋ねられるかもしれない。

■ どんな人と働きたいか？

DOWNLOAD ▶ 03 71

Q: What kind of person do you want to work with?
A: I like to work with people who are willing to teach me new things.

Q: 一緒に働くならどんな人がよいと思いますか？
A: 新しいことをどんどん教えてくれるような人がいいですね。

日本語の面接でもお決まりの質問があるように、英語面接においても次のような定番の質問がある。

■ モチベーションをどうやって高めるか？

DOWNLOAD ▶ 03 72

Q: How do you motivate yourself? How do you motivate others?

> A: I motivate myself by trying to learn something new. I try to help motivate others by helping them from time to time.
>
> Q: やる気を出すためにどんなことをしていますか？ ほかの人にやる気を起こさせるためにはどうすればよいと思いますか？
> A: 私の場合、つねに何か新しいことを学ぼうとしています。折を見て手助けをしてあげることで、ほかの人がやる気を出すよう心がけています。

ある程度時間をとった面接の場合は、ただ一般的な回答だけでは足りず、具体的な経験について語ることを求められる場合もある。何かアピールできるような経験があれば、それを英語で述べることができるよう、準備しておこう。

■ 具体的な経験について

DOWNLOAD ▶ 03_73

> Q: Did you ever have to take a strong position on an issue?
> A: One time I had to protest to my department head about our workload. I was nervous about doing it, but I felt I was right. Fortunately, she recognized that I had a good point.
>
> Q: あなたはこれまで何か断固たる姿勢でものごとに臨んだことはありますか？
> A: 以前、仕事の量のことで部長に抗議しなければならなかったことがあります。勇気が要りましたけれど、自分が正しいと思っていましたから。幸いなことに、部長も私の言い分に一理あることを認めてくれました。

即戦力となることを求められている場合など、さらに具体的な質問がなされることもある。

■ どうやってピンチを脱したか？

DOWNLOAD ▶ 03 74

Q: Describe a mistake you made and how you solved it.

A: I once failed to fill a customer's order on time and caused them a lot of trouble. To make up for my mistake, I went to our supplier and personally delivered their orders for several weeks to be sure there was no further foul-up.

Q: これまでどんな失敗をして、それをどう解決したか、話してください。

A: 1度納品期限に間に合わず大変な迷惑をかけたことがあります。その埋め合わせに、直接業者のところに出向き、それ以上納品遅れが出ないよう、何週間か私の手で発注品を届けました。

企業にもよるが、就業にあたっての条件について質問されることもあるかもしれない。

■ 就業条件について

DOWNLOAD ▶ 03 75

Q: This particular position requires extensive travel. Will you be able to travel frequently?

A: Yes, I will be able to. I enjoy a change of place, so that won't be a problem.

Q: 特にこの仕事は出張が多いのですが。ひんぱんに出張があっても大丈夫ですか？

A: はい、大丈夫です。いろいろな場所で仕事をするのが好きですから、問題ありません。

■ 就業条件について

DOWNLOAD ▶ 03_76

Q: It is essential that the successful candidate be able to work late on a regular basis. Would that be possible for you?
A: Yes, I can do that.

Q: 採用された場合、ほぼ毎日残業をしてもらわなくてはなりません。それが条件ですが、大丈夫ですか？
A: はい、大丈夫です。

■ 就業条件について

DOWNLOAD ▶ 03_77

Q: Would you be able to work on Saturdays or Sundays?
A: Yes, I can work on those days. I have two young children, so I would like to have at least one of those days free.

Q: 土曜日か日曜日に働くことはできますか？
A: ええ、働けます。小さい子供が2人いますので、土日のうち少なくともどちらかは休みを取りたいのですが。

　また、次のような質問によって、キャリア・プランを聞かれる場合もあるだろう。特に外資系などでは、自らの職業について確かな見通しや将来目標を示す人物のほうが好感を得られることが多いようだ。

■ キャリア・プラン

DOWNLOAD ▶ 03_78

Q: Where do you see yourself in 5 years?
A: In the next 5 years, I hope to improve my tech skills, network with people in other businesses, and improve my English language skills.

Q: 5年後、あなたは何をしていると思いますか？
A: これから5年間で専門的な技術を磨き、ほかの業界にも知り合いを広げ、英語をより上達させたいと思います。

では、面接でよく用いる表現を、例文とともに示しておこう。

アウトプットしてみよう！

DOWNLOAD ▶ 03_79

My strength is... / My weakness is... （私の長所は…です／私の弱いところは…です）

▶ My strength is the ability to see various sides of issues and find ways to compromise.
（私の長所は、問題をさまざまな面から検討して、ちょうどよい着地点を見いだすことができるところですね）

▶ One of my strengths is being able to focus on a project and not be distracted.
（1つの仕事に集中してよそ見をしない、という点は私の長所の1つだと思います）

▶ My weakness is taking on too many responsibilities at one time.
（私の弱点は、一度にあまりにたくさんの仕事を引き受けてしまうことですね）

- One of my weaknesses is trying to avoid conflict, even when it is important to solve issues.
(私の弱いと思うところは、とにかく問題を解決しなければならない時にも、つい摩擦を避けようとする点ですね)

I'm the kind [sort] of person who... (私は…というタイプです)

- I'm the kind of person who likes a regular change of pace.
(私はいつもメリハリをつけて仕事をするのが好きなタイプです)
- I'm the sort of person who is curious about how other people think.
(私はほかの人が何を考えているかということに興味をいだくほうですね)

I'm comfortable being (a)... (私は…をするのが好き[得意]です)

- I'm comfortable being a team player and not being the captain of the team.
(チームリーダーになるのではなく、チームの一員として働くほうが得意ですね)
- I'm comfortable being alone and reading a book in my spare time.
(時間があれば、1人で本を読んでいるほうが好きですね)

I like to work with people who... (私は…という人と一緒に仕事ができれば、と思います)

- I like to work with people who are imaginative and dedicated.
(想像力が豊かで、ひたむきに仕事をする人と一緒に働きたいですね)
- I like to work with people who pay attention to details.
(細かい心配りのできる人たちと働ければ、と思います)

I motivate myself by... （私は…することでやる気を出しています）

▶ I motivate myself by dividing my work into parts and taking a break after I complete each part.
（私は、まず仕事をいくつかに分け、その１つを片づけるたびにちょっと休憩をとることでやる気を維持しています）

▶ I motivate myself by observing people who are efficient in accomplishing their jobs and following their good examples.
（私は仕事を効率的にこなしている人をよく観察して、その上手な方法をまねることで仕事への意欲をかきたてています）

I motivate myself by observing people who are efficient in accomplishing their jobs and following their good examples.

おわりに

本書は『アウトプットに必要な基本英文法』の続編にあたる。英語で「正しく」表現することを目的とした前書に対して、本書は「さまざまな状況において、いかにふさわしく表現するか」という点に光をあてた。本書でも、共著者である私の豊富な英語運用経験が、つまり「こんな時に英語でどう言えばよいのかわからない」ために、「とにかく言ってみたが、言ってみたら気まずくなってしまった」という実際の経験が、存分に生かされている。主著者バーダマン氏も数々の失敗を赤裸々に告白する私の勇気に深い感銘を覚えたはずだ。別に聞いてはいないが…。

　前書につづいて、本書も企画から構成、編集まで、研究社の金子靖氏に大変お世話になった。原稿の締切りがまだずっと先だと思い込んでいた著者 2 人を叱咤激励しながら、終始我慢強くサポートしてくれた金子氏に深く感謝したい。また、金子氏とともに編集と校正を進めてくださった高見沢紀子氏にも厚く御礼申し上げる。

2015 年 7 月　新宿区戸山にて

安藤文人 (Fumihito Ando)

●著者紹介●

ジェームス・バーダマン（James M. Vardaman）

1947年、テネシー州メンフィス生まれ。ハワイ大学大学院修了（専攻はアジア研究）。早稲田大学文化構想学部教授。著書に『アウトプットに必要な基本英文法』（研究社）、『毎日の英文法』『毎日の英単語』『毎日の日本 英語で話す！まるごとJAPAN』（朝日新聞出版）、『シンプルな英語で話す日本史』『シンプルな英語で話すアメリカ史』（ジャパンタイムズ）、『アメリカの小学生が学ぶ歴史教科書』（ジャパンブック）、『アメリカ黒人の歴史』『ア メリカ南部　ルーツミュージックの文化的背景』（NHK出版）、『黒人差別とアメリカ公民権運動──名もなき人々の戦いの記録』（集英社新書）ほか多数。

安藤文人（あんどうふみひと）

1957年、岐阜県岐阜市生まれ。早稲田大学大学院文学研究科英文学専攻博士後期課程単位取得満期退学。早稲田大学文化構想学部教授。著書に『アウトプットに必要な基本英文法』（研究社）、『毎日の英文法』（朝日新聞出版）のほか、『院単──大学院入試のための必須英単語』（ナツメ社）がある。

●イラスト●
Miki Orange

●音声吹き込み●
Peter von Gomm / Edith Kayumi

●音声編集●
佐藤京子（東京録音）

●音声録音協力●
アート・クエスト

アウトプットに必要な基本英語表現

● 2015 年 8 月 7 日　初版発行 ●

● 著者 ●

ジェームス・バーダマン（James M. Vardaman）
安藤文人

Copyright © 2015 by James M. Vardaman and Fumihito Ando

発行者　●　関戸雅男
発行所　●　株式会社　研究社
〒 102-8152　東京都千代田区富士見 2-11-3
電話　営業 03-3288-7777（代）　編集 03-3288-7711（代）
振替　00150-9-26710
http://www.kenkyusha.co.jp/

KENKYUSHA

装丁　●　久保和正
組版・レイアウト　●　mute beat
印刷所　●　研究社印刷株式会社
音声録音・編集　●　東京録音

ISBN 978-4-327-44106-7　C1082　Printed in Japan

価格はカバーに表示してあります。
本書のコピー、スキャン、デジタル化等の無断複製は、著作権法上での例外を除き、禁じられています。
また、私的使用以外のいかなる電子的複製行為も一切認められていません。
落丁本、乱丁本はお取り替え致します。
ただし、古書店で購入したものについてはお取り替えできません。

研究社の出版案内

「発信に必要な英文法」教えます！
アウトプットに必要な基本英文法

ジェームス・バーダマン、
安藤文人〔著〕

音声無料ダウンロード

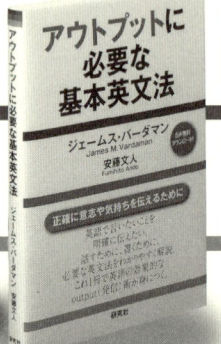

正確に意志や気持ちを伝えるために

英語で言いたいことを明確に伝えたい。
話すために、書くために、必要な英文法をわかりやすく解説。
これ1冊で英語の効果的な output（発信）術が身につく。

1. アウトプット（英語を話す、書く）のための英文法の知識を確認
アウトプットに必要な 60 の基本英文法項目を厳選。わかりやすい例文とともに、詳しく解説。例文は語数を絞り、覚えやすい形にして収録。

2. アウトプットしてみる
音声は無料ダウンロード。朗読音声につづけて、アウトプットしてみよう。
例文が自動的に口から出てくるようになるまで、何度も何度も繰り返そう。

3. ひたすらトレーニング！
英語が読めても、声に出してトレーニングしなければ、使えるようにならない！
自分の表現としてアウトプットできるようになるまで、ひたすらトレーニング！

四六判 並製 音声無料ダウンロード 168 頁／ISBN 978-4-327-45267-4 C1082